国民のための経済と財政の基礎知識

髙橋洋一
Yoichi Takahashi

本書は2014年1月に、あさ出版より刊行された『バカな経済論』
に加筆修正し、新書化したものです

目次

帯写真／難波雄史
構成／岡田光雄、大根田康介

序章　経済の真実はシンプルである！

経済の真実はシンプルである！

世の中、日々いろいろな経済論がメディアを賑わせている。

しばしば、真逆の論理で真逆の結論を導き出したりしているが、一見、そのどれもがいかにも尤もらしく真実のように思える。

しかし、私にとっては、論拠が乏しく疑問を持たざるをえない経済論のほうが圧倒的に多い。

たとえば一時期、「日本崩壊、沈没論」や「デフレの原因は現役世代の人口減少論」などが、ずいぶんともてはやされていた。ただ、私にしてみたらそのいずれもが「何をどう考えたらそういう結論が導かれるのか」がさっぱりわからないものだった。

詳しくは次章以降で触れていくが、その論説の〝矛盾点〟や〝根拠と論理の一貫性のなさ〟ばかりが目についてしまったのだ。

そして、その予測が当たらずにお生憎様というか、喜ばしいというべきか、日本はいまだ崩壊も沈没もしていないし、人口減少は続いているのにデフレを脱しつつある。

たしかに、２０２０年の新型コロナウイルスショックは日本経済に大きなダメージを与えた。飲食店、アパレル、観光などを中心に苦境に立たされ、大手上場企業ですら１００社近くが希望退職を募るなど対応に追われたが、それでも日本はまだ破綻していない。

日本沈没論や人口減少論などの論説には、多くの人たちが飛びついた。そのなかにはある程度経済がわかっているであろう人たちも多々含まれている。だからなおさら、経済にうとい一般の方々は、いったい何を信じればいいのかがわからなくなってしまうのだ。

いまもテレビや新聞では、いろいろな専門家がさまざまな「経済論」を語っている。しかし私にはその多くが、「バカな経済論」のオンパレードに見えてしまう。言い方はきついかもしれないが、根拠に乏しい、あるいは論理の筋を見間違えた経済論を見ると「そんなバカな⁉」と思わざるをえない。

いったいなぜ、そんなことが起きてしまうのか。物事はすべてシンプルに考えるべきであるにもかかわらず、シンプルに考えずに原理原則を無視しているからだ。

シンプルに考えれば、経済がうんとわかりやすくなる。

私は、長年なるべく〝シンプルにシンプルに〟経済や物事を考えようと努めてきた。「余計なもの」をそぎ落とせば、最後に残るのは真実のみ。本書は世にはびこる「バカな経済論」を、そんなシンプル思考によって論破するものである。

ただ、このシンプル思考は単に狭い範囲で、モノを見たり考えたりして、余計なものをそぎ落としているわけではない。よくありがちな間違いに「自分の立ち位置から見えるものだけで物事を判断する」というのがある。私はこれを象徴的に「半径1メートルの視野」と表現しているが、これではいくらシンプルに考えようとも大局を見誤るばかりだ。

木を見て森を見ない。虫の目で見て鳥の目で見ない。あるいは面で見て立体では見ない。まさに「人口減少デフレ論」はそんな大局を見誤った例であり、残念なことにこの手の間違いも「バカな経済論」では散見される。本書ではそういった「どうモノをとらえ、考えるか」についても、詳述した。

これまで自分にはよくわからないことゆえ、信用して鵜呑みにするほかなかったお上の論理も、マスコミの盲点も、何より根拠が見いだせない「バカな経済論」の数々を、本書を読むことによって自分で見抜けるようになるだろう。

将来、とくに経済面について漠然とした不安を抱くのは、もうやめにすべきだ。本書を通じて、しっかりした根拠に基づき、シンプルにモノをとらえ、考える力がつけば、いままでいかに政治家や官僚から都合よくダマされ、マスコミや「バカな経済論」者に翻弄されてきたのかがわかるはずだ。真実味のない「大暴落」「崩壊」「沈没」「破綻」などの言葉に一喜一憂しなくて済むし、日本の「どこがよくて」「どこがダメなのか」もよく見えてくるだろう。

経済の真実は原則のなかにある

経済関係のベストセラー本などを見て、暗澹《あんたん》たる思いになることが多い。

原理原則に忠実に、真面目に考えられたものほど脚光を浴びず、〝根拠に乏しいトンデモ本〟の類ばかりがもてはやされているように見えるからだ。

専門家を名乗りながら、きちんとした論考ができないほうも問題だが、私はむしろ、それほど程度の低いものに飛びついてしまう人たちのほうに呆れてしまうのである。

長く続く低迷のなかで不安や閉塞感にさいなまれていると、すべてを吹き飛ばすような斬新な話に食いつきたくなるのかもしれない。

しかしハッキリいえば、こと経済の分野に、そんなものは存在しない。

経済というのは、古来、人の世に存在するものだ。

それこそアダム・スミスの時代、いや、それよりもはるか昔から、貨幣の形は変われども、先人たちはいかに経済の動きを把握し、コントロールして世の中をうまく回すかということに心血を注いできた。

そうしたなかでさまざまな理論が生まれ、何十年という時代の検証に耐えたものだけが、こんにちまで残っている。

そうやって先人たちが積み上げてきた基礎すら知らずに闇雲に不安がり、挙げ句の果てに、派手なだけで根拠に乏しい説を読んで、わかった気になるなど愚の骨頂だ。

真実は、新しい理論のなかにはない。大半は原理原則のなかにある。

トンデモ本を送り出す自称・専門家には、その原理原則を成す基礎理論のすべてを覆す用意ができてから、本を出してほしいものだ。もちろん本当にそれができたら、30年後くらいにはノーベル賞ものであるが。

何も知ろうとせず、世の風潮に流されるままでいるか。

多少なりとも基礎知識を身につけて「考える力」を養うか。

それは個人の自由であるが、基礎は基礎だけに非常にシンプルに説明できる。ならば、知っておかなくてはソンというものではないか。

〝半径1メートル〟しか見えていない冗談のような話

私の学問的なバックグラウンドは、世界標準のマクロ経済学である。難しいように聞こえるかもしれないが、要するにつねに「マクロな視点」で経済を見ているということだ。マクロな視点とは、たとえれば「風が吹けば桶屋が儲かる」式の考え方、とでもいったらいいだろうか。つねに全体を意識することで、ひとつのことが起こす連鎖反応や、物事の両面を見るようにしているということだ。

たとえば「企業は新規雇用を増やして失業率を下げるべきだ」と思っている人がいるとしよう。このように考える人は、おそらく失業中の当人か、仕事のない人を気の毒に思う心優しい人だろう。

しかし経営者側から見れば、経済は停滞したままなのに新たに雇用することは負担である。必然性のないなかでの新規雇用は、ほかの人の仕事を奪い、また賃金を下げることにつながる。

端的にいえば、ひとりの雇用を増やすことで、全体にマイナス効果を及ぼすことになるのだ。

平たくいえば、マクロ経済的な見方とは、こういうことである。

だから私は、経済政策を「誰かの損得」では絶対に考えない。全体として上向きになれば、誰もがいずれ利益を得ることになる。だから全体の成長のことを考えるというのが、マクロ経済学の基本だからだ。経済全体のパイを増やして、雇用を増やすと考えたほうがいい。

利益を得る順番は、多少ずれる。これは否めないし、利益が全体に行き渡るまでには数年単位の時間がかかる。ただし、正しい政策は、必ず結果的には全体を利することになる。

したがってマクロの視点からは、雇用を増やすという特定層（この場合は失業者）向けの政策は基本的に必要なく、全体の雇用を増やすことが重要となってくるというわけだ。

もうひとつ例を挙げれば、インフレは消費者を苦しめるという懸念がある。実感からくる不安なのだろう。

しかし、これも次章以降で後述するが、賃金上昇率はインフレ率のわずかに上をいくことはデータが示している。また物価上昇率が高いほど失業率が低くなることも、経済理論で明らかだ。

つまり物価が上がれば企業の業績が伸び、雇用も増える。賃金が上がり、その結果、家計が潤う。こういう側面も考えなくてはならないということだ。

仮にインフレによって愛用している日用品の値段が上がったとしても、「インフレ憎し」になってはならない。

ところが世の中には、こうした視点を持てずに、自分に関係のある範囲、自分の損得に関わる範囲——私はこれを象徴的に「半径1メートルの視野」と表現している——のことしか考えられない人が多すぎる。残念なことに、専門家やマスコミにもよく見られるのである。

たかだか半径1メートルの視野で考えても、大局を見誤るだけである。

だから、自らもできるだけマクロな視野を持つように心がけてほしいし、自称・専門家やマスコミが垂れ流す〝半径1メートル〟論法に惑わされないように注意が必要だ。

本書があなたにとって、経済を足がかりにして「物事をシンプルにとらえる力」を獲得するきっかけとなれば幸いである。

第1章

まず、「どう考えても当たり前のこと」から説明しよう

お金はこうして世の中を回っている

「金は天下の回りもの」というが、どのように天下を回っているのか、それを理解しないことには何も始まらない。

そこで手始めに、お金は世の中をどのように回っているのか、大まかに説明しておこう。

まずお金――「日本銀行券」というのが正式名称だが、いったいどこで作られ、発行されているのか。発行元は日本銀行（日銀）である。

もちろん漫然とお金を刷って、日銀が世の中にばらまいているわけではない。しっかりとした目的のもとに刷られたお金は、民間の金融機関を通じて世の中に出回っている。

わかりやすい例でいえば、民間の金融機関から企業への融資だろうか。

企業は一定の利子つきで金融機関からお金を借り、事業を行う。そこで得た収益から社員に給料を払い、法人税や消費税を国に納める。銀行に利子つきで借金を返したり、また預けたりもする。さらに余裕があれば、事業拡大のために設備投資をしたりもするだろう。

個人は働いている企業から給料を受け取り、そこから年金などの社会保険料や所得税を

日銀の当座預金の仕組み

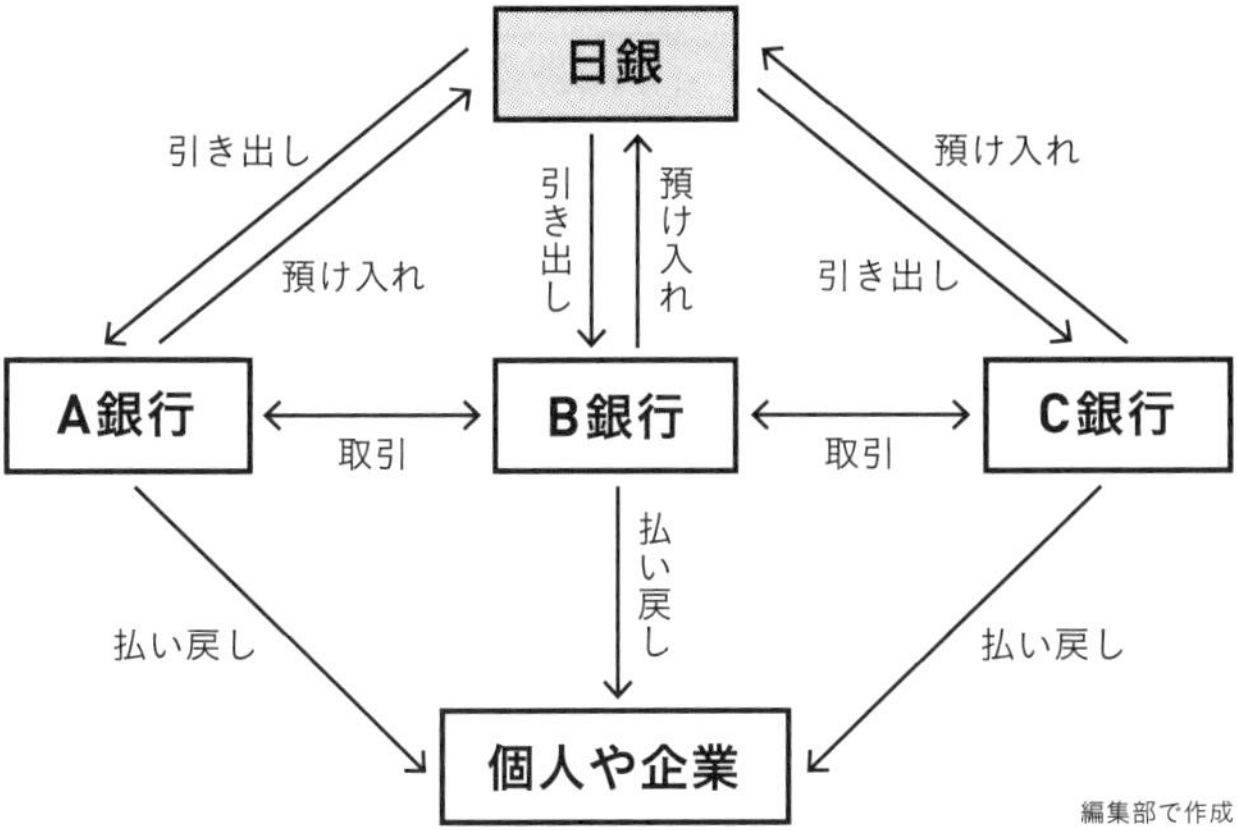

編集部で作成

国に納める。モノやサービスを買う。蓄えのために銀行に預金もするだろう。

民間の金融機関は、日銀に無利子の「当座預金」（日銀当座預金）を持っており、個人や企業から預かったお金の一定割合を、日銀に預けなければならないことになっている。日銀が「銀行の銀行」といわれるゆえんである。当座預金は銀行同士の取引や、企業や個人への払い戻しの際に使われる。

世の中に出回っているお金と、この日銀当座預金を合計した額を、「マネタリーベース」という。これはのちに金融政策を説明する際に非常に重要なキーワードとなるので、覚えておいてほしい。

さて、日銀が刷り、民間の金融機関経由

マネタリーベースの推移

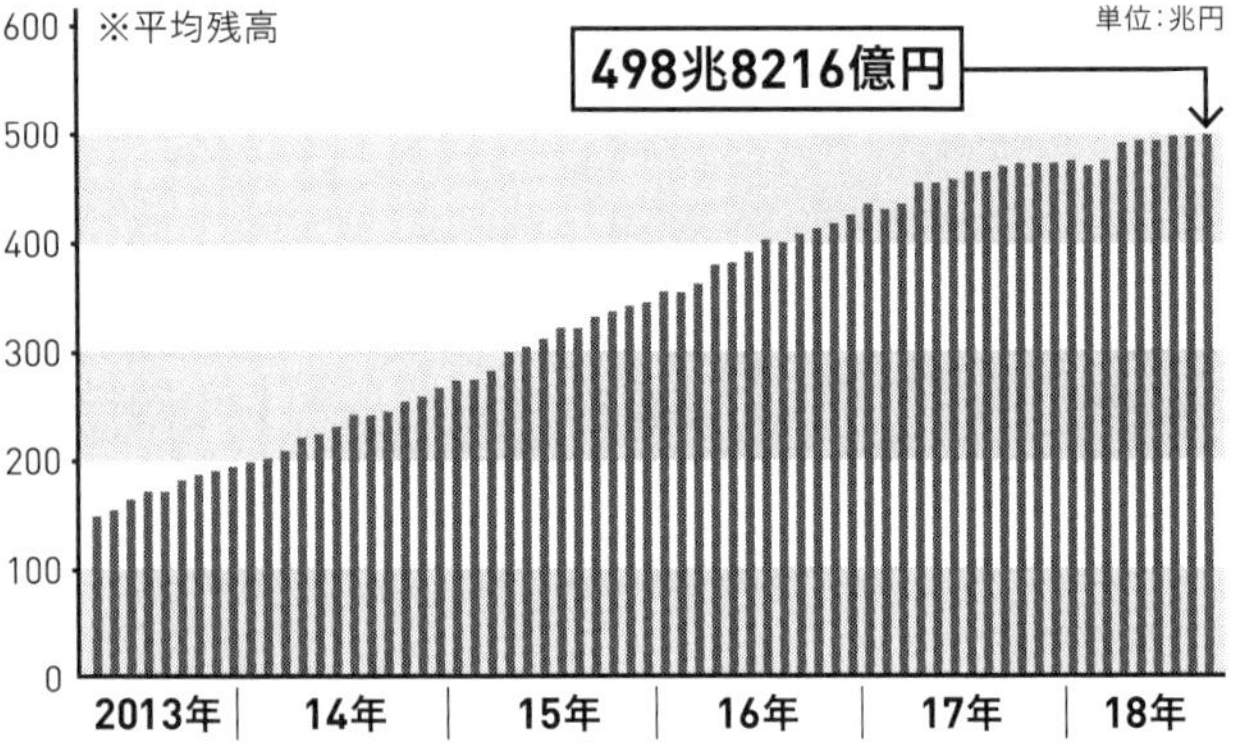

日本銀行資料より作成

で世の中に出回ったお金は、いま述べたように企業活動および個人の労働によって増やされ、その一部が返済や預金として銀行に行き、またほかの一部は税金として国に納められる。そして国は、集まった税金を国の運営に使う。

各省庁がそれぞれ必要な予算を求め、国会で承認された予算を通じて最終的な采配は歳出権（お金を使う権利）を持つ財務省と各省庁が行うのである。この一連の流れがくり返される。

国の運営資金が足りない場合は、国は利子つきで国債を発行し、民間の金融機関や企業、個人に売ってお金を集める。つまり国が民間からお金を借りるということだ。

個人向け国債の種類

商品名	変動10年	固定5年	固定3年
満期	10年	5年	3年
金利	変動	固定	固定
金利の決定方法	基準金利×0.66%	基準金利－0.05%	基準金利－0.03%
金利の下限	0.05%（これより低くなることはない）		
利子の受取	年2回、半年ごと		
購入単位	1万円単位で1万円から（価格は額面金額100円につき100円）		
償還金額	額面金額100円につき100円		
中途換金	発行してから1年経てばいつでも換金可能 額面金額100円につき100円で換金される　但し、直前2回分の利子（税引前）×0.79685%が差し引かれる		
発行月	毎月（年12回）		

財務省HP「個人向け国債」より作成

国債には５年債や10年債といった種類があり、年数はそれぞれ利子つきで戻ってくる（償還される）までの期間を示す。

すべての人が消費者であり、同時に生産者でもある。買う立場であるとともに、売る立場でもあるということだ。このように、世の中全体で絶え間なく行われている生産・消費活動のなかで、お金が回り回って日本を、そして世界を成り立たせている。

経済を考える際には、こういう全体を見通す視点が必要だ。

インフレ、デフレは要は「量」の問題

日本は長年にわたるデフレにあえいでいる（もうすぐ過去形になるだろう）。誰もがニュースや新聞などで、耳目にしたことのある話だ。

しかしデフレやインフレはいったいどういうことで、いかにして起こるのか、正確に説明できるだろうか。

デフレ（デフレーション＝deflation）とは、一般物価水準が持続的に下がること。インフレ（インフレーション＝inflation）とは、一般物価水準が持続的に上がること。ここでいう一般物価とは世の中のモノの価格の平均みたいなもので、個々のモノの価格とは異なる。

ひと言でいえばこうなるが、では、いつ、いかなるときに一般物価は上がったり下がったりするのだろうか。

個々のモノの価格はそのモノの需給関係で決まるが、一般物価は少し違う。

これには、世の中に出回っている、お金の総量が大きく関係している。

一般物価とは、言ってしまえば「モノの量」と「お金の量」のバランスによって決まる

インフレとデフレの違い

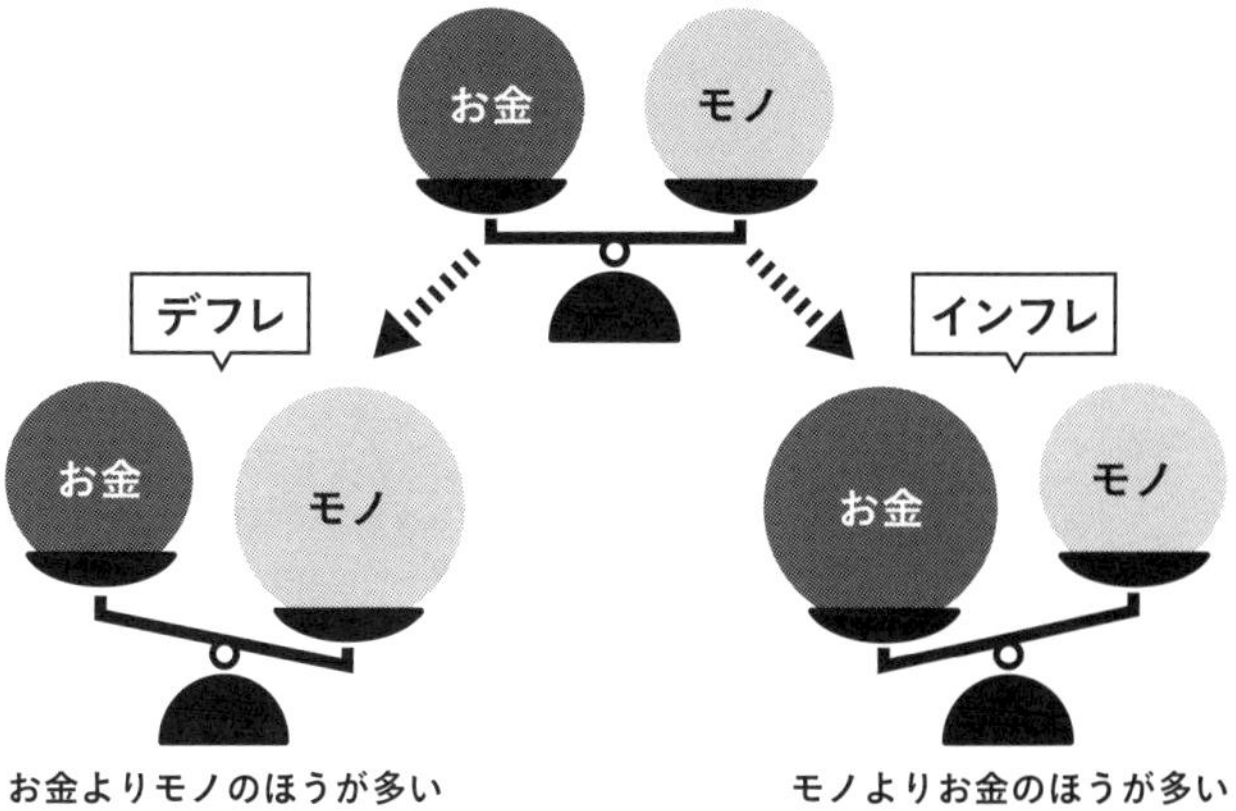

編集部で作成

ものなのである。

ごく単純に説明すると、モノに対してお金がダブつく。つまりモノのほうが相対的に少なくなるために、価値が上がるということであり、したがって値段が高くなる。これがインフレだ。

反対にお金よりモノのほうが多くなると、今度はお金に対してモノがダブつく。するとモノが相対的に多くなるために価値が下がり、値段が低くなる。これがデフレだ。

つまりは、こういうことだ。

インフレ＝モノよりお金のほうが多く、モノの価値が上がった状態。

デフレ＝お金よりモノのほうが多く、

マネーストック（M3）の推移

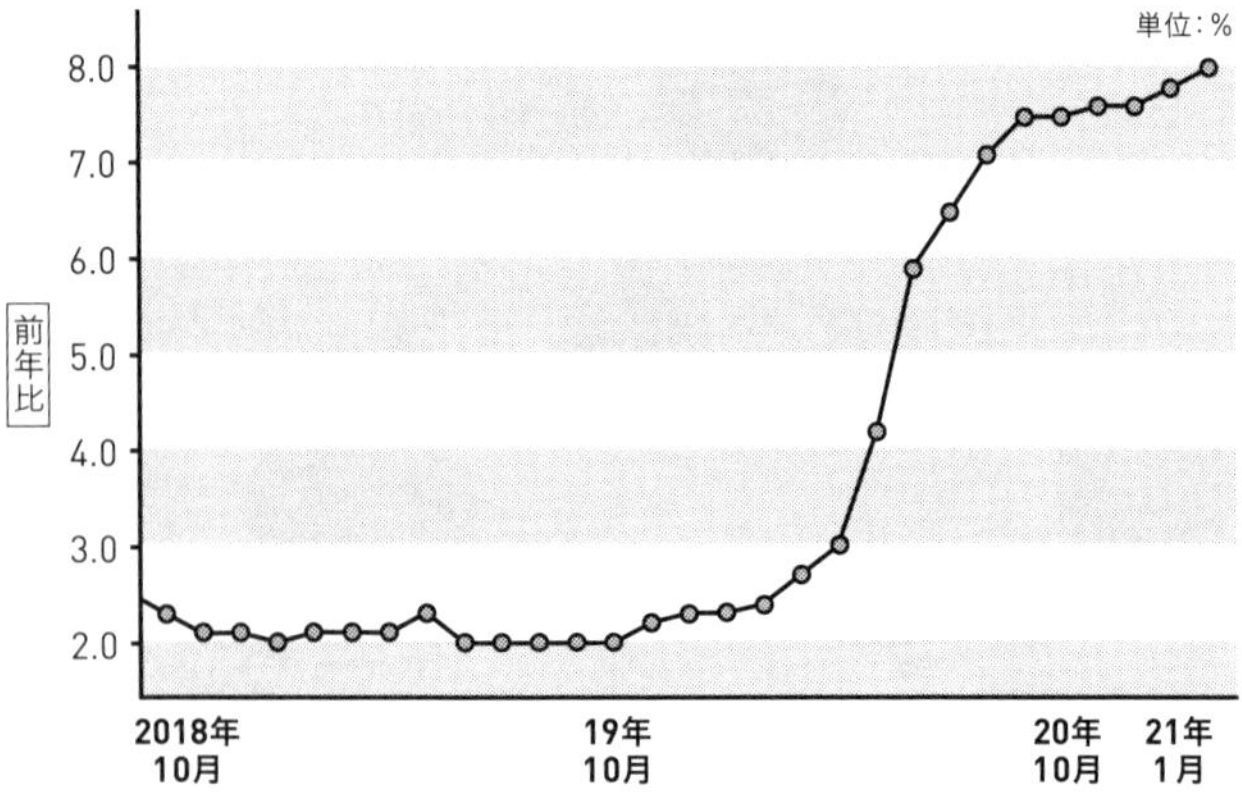

日本銀行「マネーストック統計」より作成

モノの価値が下がった状態。

したがってデフレもインフレも、ある一定の状態を指すものではなく、「いま（昔）と比べてどうか」という相対的な基準であることも、付記しておこう。

たとえば「2年後のインフレ率を2％にする」というのは、いまと比べて一般物価を2％上昇させることを目標にする、ということだ。

ただし仮に一般物価が2％下がった場合は「デフレ率」とはいわず、「インフレ率はマイナス2％」などという。

ちなみに、いまの一般物価の説明は、「貨幣数量理論」というごく基本的な経済理論を、平たく説明したものだ。

マネーストック増加率（2011年）とインフレ率の推移

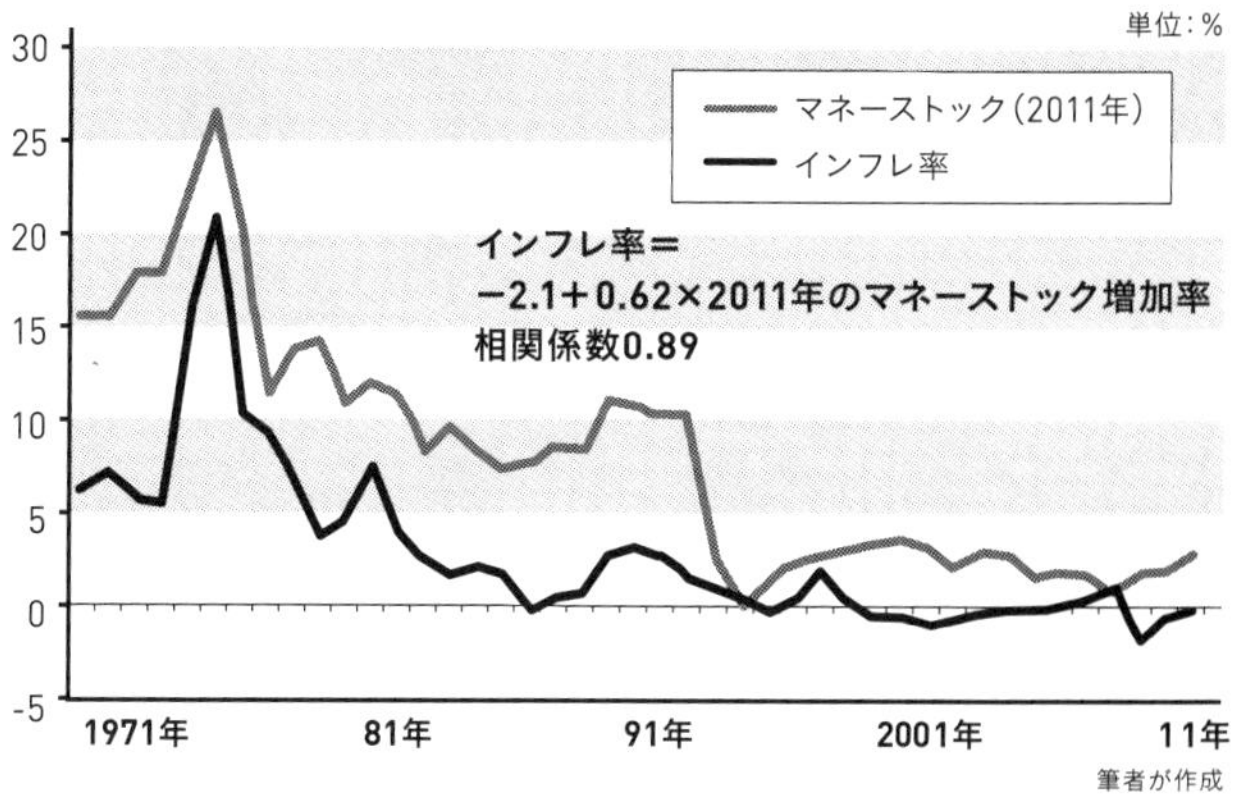

　さて、これまで「お金」と単純に呼んでいたが、世の中に出回っているお金の総量を「マネーストック」という。ただしお金といっても、お札だけでなく金融機関への預金を含めて考えたほうがいい。

　もっと言えば、「国や金融機関以外の部門が保有する通貨の総量」のことだ。

　このマネーストックの増加率とインフレ率は、じつは密接な関係にある。

　過去のインフレ率と、その２年前のマネーストックの増加率の関係を調べると、いずれも強い相関関係にあることが示される。

　つまりその年のマネーストック増加率が、２年後のインフレ率を決めるということだ。

　もっというと名目ＧＤＰ成長率も、同様の関係にある。

マネーストック増加率がインフレおよび経済成長につながるまでに、およそ2年。このように経済の動向は一朝一夕でわかるものではない。こういう知識をもとに、長い目で考えることが重要なのである。

モノの値段は少し上がるほうがいい

インフレに対する印象は、世代によってさまざまのようだ。

たとえば1980年代以降に生まれた世代だと、物心がついたころにバブルが崩壊し、それからずっとデフレであるため、そもそもインフレという言葉がピンとこないようである。

他方、私より年上の1940年代までに生まれた世代は、第二次世界大戦直後に物価が暴騰した記憶が根強く、インフレと聞くと拒否反応を示す人が多い。

空襲で生産設備などが壊滅的な被害を受け、極端なモノ不足に陥ったために相対的にお金が過剰になり、終戦直後は年率500%という高いインフレ率だった。

日本のインフレ率の推移

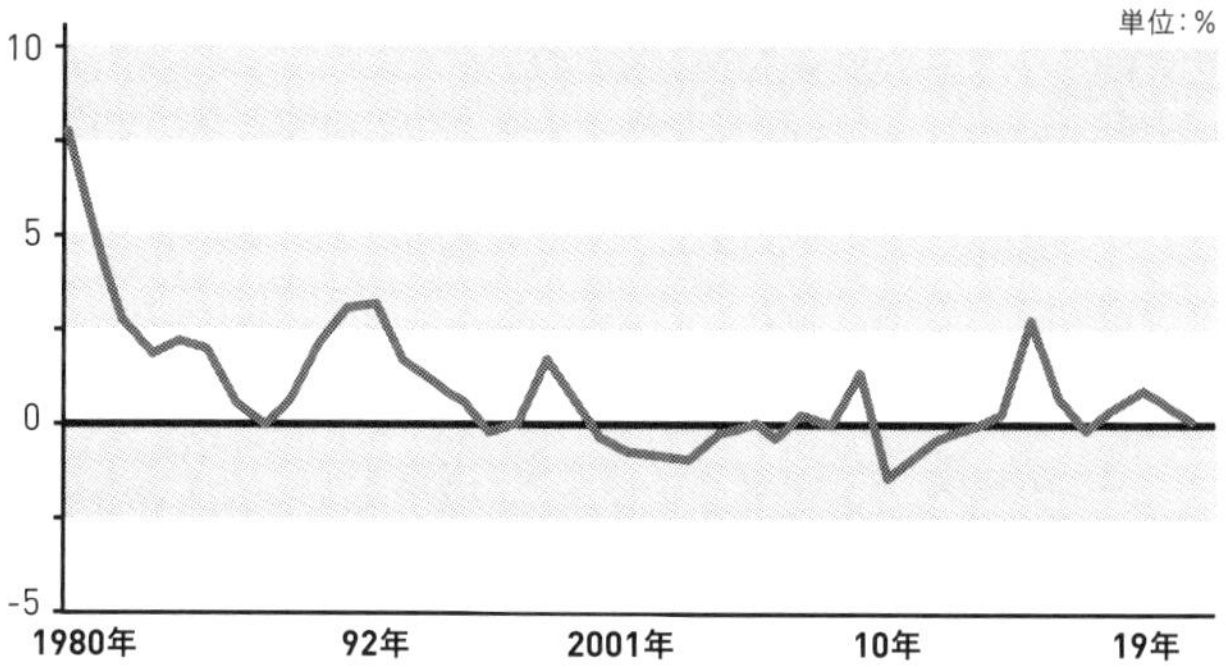

IMF「World Economic Outlook Databases」より作成

インフレが進みすぎると危険なのは事実である。ただし本当に危険なのは、年率１万％を超えるような猛烈なインフレ（ハイパーインフレ）や、年率はそこまで高くなくても、みるみるお金の価値が下がっていくような状況だ。

日に日にお金の価値が下がっていくような状況だと、売り手は毎日のように価格を書き換える必要がある。

また物価を給料に反映させるために、毎月のように賃金改定をしなくてはならない。物価ばかり上がって給料が上がらないとなれば、労働者は納得しないからだ。

一方、買い手、たとえば小売り業者などは価格が激変するために仕入れの計画が立てられず、同様に消費者も消費活動の計画が立てられない。

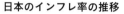

物価の変動にはこれらの社会的コストがつきものであるため、やはり激変するのは望ましくないのである。

では、どれくらいのインフレが「ちょうどいい」のか。そもそも結局、インフレになると、いいのか悪いのか。

インフレもデフレも相対的な基準である。インフレ率は、年率5%程度までは問題ないとされ、年率2%の「マイルドなインフレ」で、社会的コストは最小――GDPの1%程度に抑えられるという計算がある。

ここで「モノの値段が上がるのは困る」という人は、いま一度、考えてみてほしい。先にも書いたように、あなたは買い手であるとともに、売り手でもある。消費するモノの値段は上がっても、その一方で、あなたやあなたを養う人が勤めている会社の製品の値段が上がれば、おのずと給料に反映される。

現にデータを見ると、賃金とインフレ率は高い相関関係を示す。

インフレの時代は賃金が上がった年のほうが圧倒的に多く、しかも賃金の伸び率は、インフレ率を少し上回るかたちになっている。逆にデフレの時代は賃金が下がった年が圧倒的に多い。

1人あたり報酬上昇率とインフレ率の推移

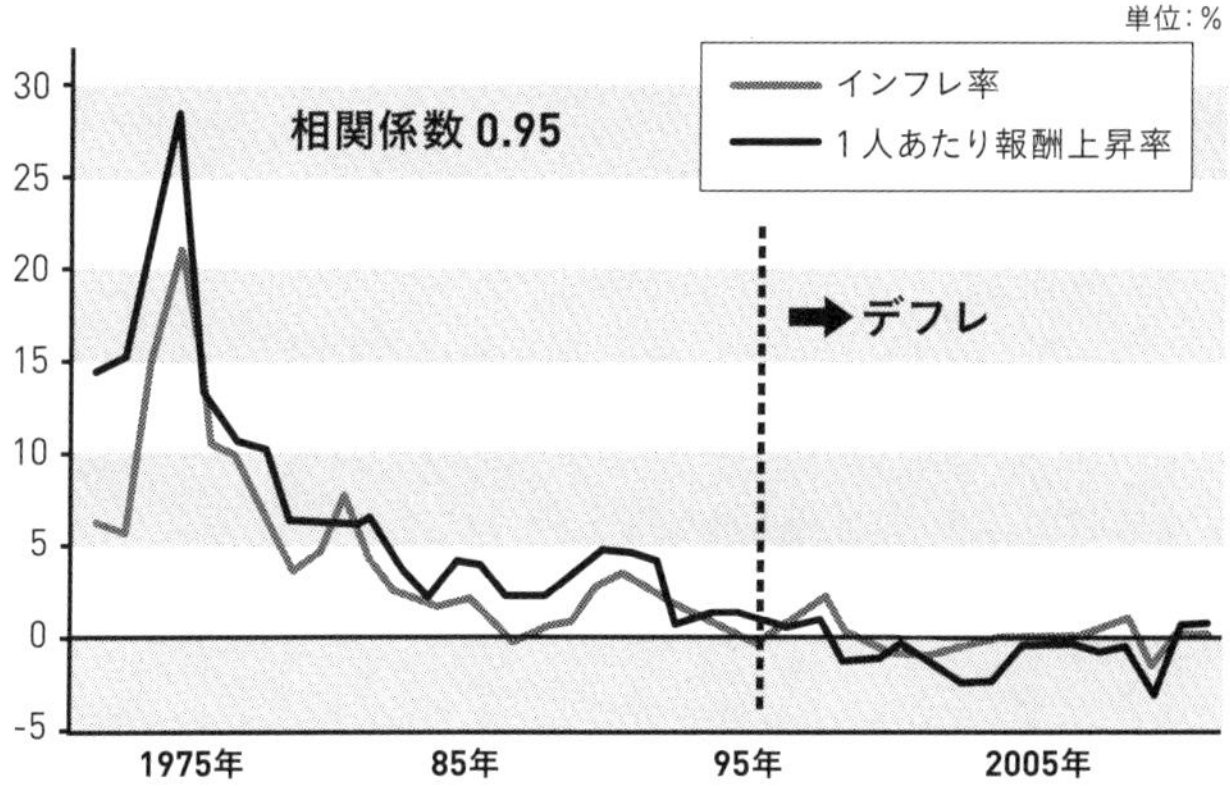

国民経済計算確報より作成

雇用の経済学

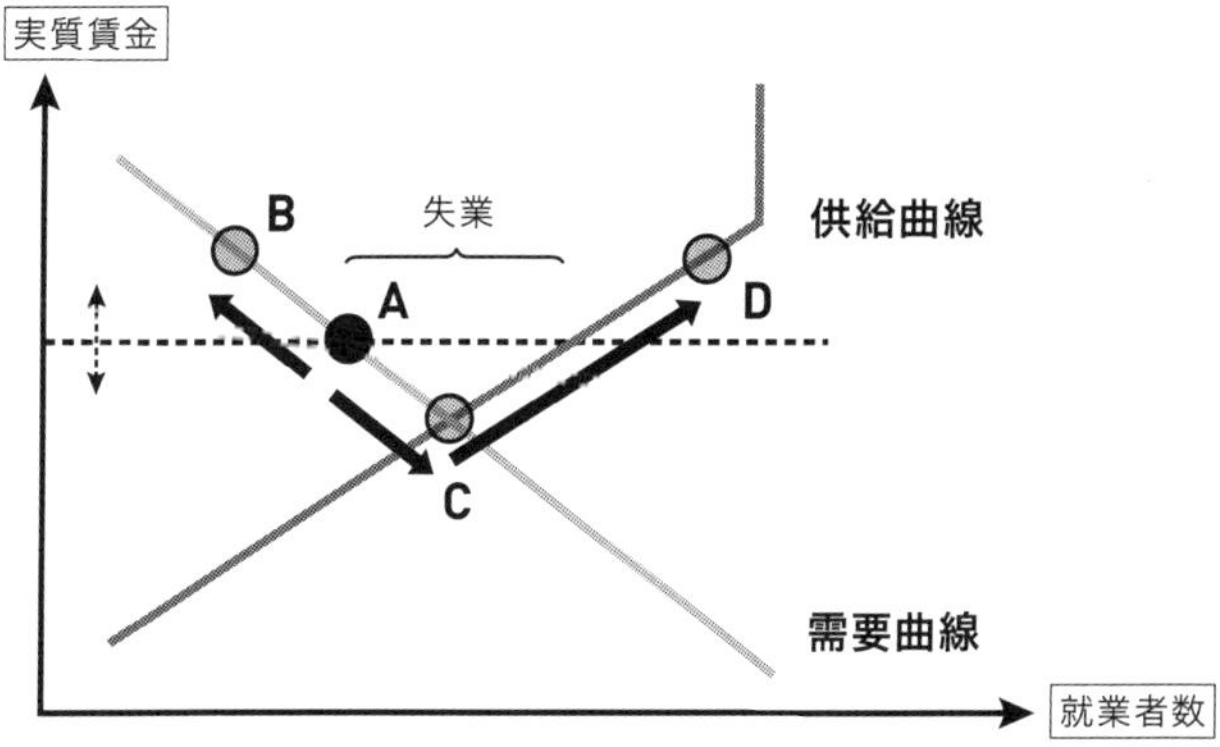

筆者が作成

つまり、データ上は「インフレになると給料が上がる」ともいえるのだ。

読者のなかには「最低賃金を引き上げれば給料も上がるのでは？」と思う人がいるかもしれない。しかし、実質賃金の無理な引き上げは経済には悪手だ。

ここで雇用の経済学の原理を前頁下段の図で簡単に説明しよう。

まずA点では労働需要より労働供給が上回っている状態だ。この労働需要と労働供給の差によって〝失業〟が生じることになる。ここでもし実質賃金を無理に引き上げれば、A点からB点にシフトすることになり、労働需要と労働供給の差がより広がるため、さらに失業率が加速していく。だが逆に、実質賃金を引き下げればA点からC点にシフトし、労働需要と労働供給のバランスがとれた状態となる。

その後は失業が少ない状態で経済が拡大し、C点からD点へとシフトしていく。その結果、実質賃金は自然と上昇に転じ、就業者数も増加していくわけだ。

もちろん、労働者の賃金を決めるのは、最終的には個々の企業なので一概には言えない。ただ、モノの値段が上がることをマイナスイメージだけでとらえていると、経済を見誤ることになる。これはたしかだ。

インフレ目標2%の本当の意味

安倍政権から菅政権に引き継がれた現在も、政府は「インフレ率2%」を目標に掲げている。これに対して、「あれだけ金融緩和をしているのにまだ目標を達成していないではないか」という批判の声がある。

しかし、この批判は的外れであり、2%に達していないからこそ、まだ国債が買えるというだけの話。インフレ目標に達するまでは財政出動しても財政が悪くならないという点でいいことなのだ。

インフレ率が2%にならないというだけで批判が出る理由は、はっきり言ってそれを喧伝するマスコミの理解が間違っている。

別に2%に行かなくても大した話ではない。それをみんなが勘違いして「2%に達しないといけない」と思い込んでいるだけなのである。正確に言えば、インフレ目標は2%「まで」良いと言っている。だから2%より下でも問題ないのだ。

それはなぜか。中央銀行がたくさん国債を買えばインフレ率はおのずと上昇する。それ

賃金インフレ率と失業率

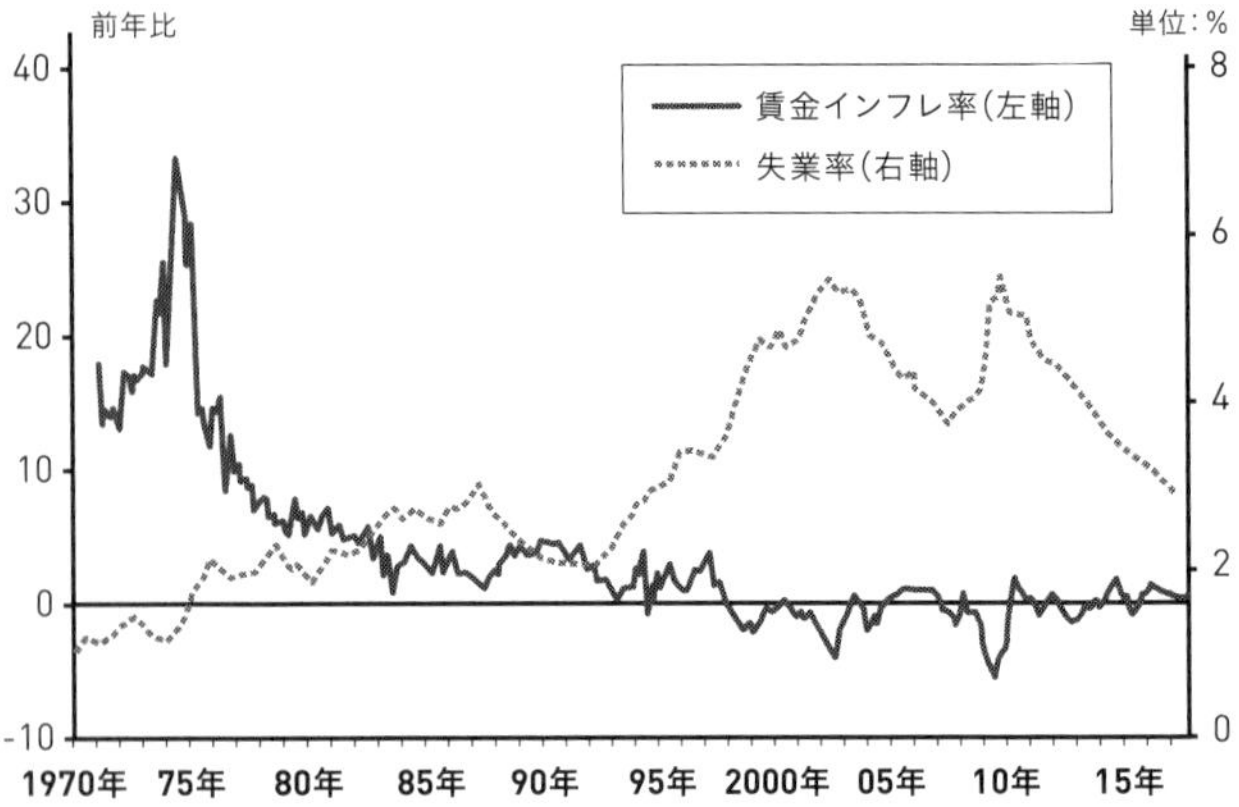

日本銀行資料より作成

とともに、じつは失業率が下がる。景気が良くなれば物価が上がりやすくなる一方で、雇用も増えるからだ。

だから何かの政策を実行するときに財政出動なり、金融緩和なりをすれば、物価が上がりやすくなって失業率が下がりやすくなる。これを「フィリップス関係（曲線）」という。この物価と失業率の関係は有名で、経済学部にいけば必ず習う。

どこの国でも同じで、グラフにすれば失業率が低いときにはインフレ率が高くなり、失業率が高いときにはインフレ率が低いという反比例の曲線を描く。

つまり、景気が悪くなるとインフレ率が低くなり失業率は上がるのだ。ただしどの

マクロ政策・フィリップス曲線

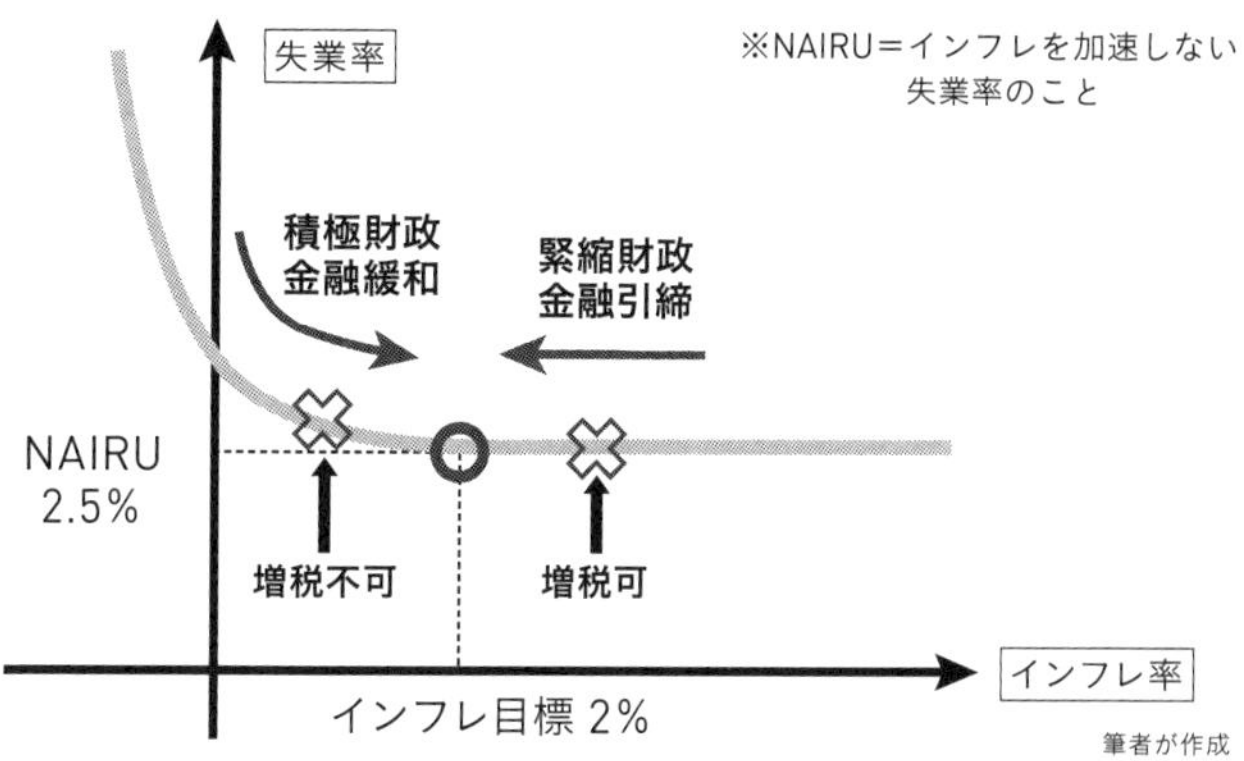

筆者が作成

国でも失業率がゼロになることはない。必ず失業する人はいるからだ。これは不幸な話だが、自分の適性と仕事が完全にはマッチしない。だから失業率はどんなに低くても1～2%くらいにはなる。一番低くなる数値が国によって少し違っていて、日本はだいたい2%ちょっとで、これ以上はどう頑張っても失業率は下がらない。これがアメリカでは、下限が4%くらいだ。

だから日本では金融を緩和すればインフレ率がどんどん上がって失業率が下がっていき、2%くらいになるとそれ以上は失業率が下がらず、それ以降はインフレ率しか上がらなくなる。つまり、失業率は下がらないでインフレ率しか上がらないというときがいつかくる。そのときに最も低いインフレ率が2%なのだ。

そう考えると、失業率を下げるときに許容できるインフレ率は2％までということなのだ。だから「2％に達しなければならない」ではなくて、「2％に達するまでに失業率が一番下がればいい」というのが目標の本来の意味だ。

デフレは悪い、緩やかなインフレが良いという論調もあるが、そのほうがいいのはインフレ率2％くらいで、そうなると失業率が一番下がる。デフレ下ではインフレ率がマイナスになるから、失業率はすごく高くなる。だからマイナス（デフレ）はダメで、インフレ率が2％くらいまでなら失業率は下がっていく。ところがインフレ率が3％や4％になっても失業率は変わらないから、それなら2％でいいだろうということで、2％を目標に掲げているというわけだ。

インフレ率が上がれば給料も同じように上がるが、インフレ率がたとえば10％などになってくると、年中値札を替えないといけないし、いろいろと面倒になる。

金融緩和で失業率は2・2〜2・3％まで下がったが、そこまでいってもインフレ率は2％に達しなかった。物価上昇を最低限に抑えながら失業率を限界まで下げられたのだから、むしろラッキーだったのだ。インフレ率が2％未達というのは批判すべきところではない。

いまの状況であれば、もっと金融緩和しても構わない。ある意味でまだその余地がある。新型コロナウイルスショックが起こってインフレ率がマイナスになり、物価の上昇率も低く抑えられているから、再び金融緩和をすればいい。

インフレ率目標についての理解が、マスコミはすべて間違えている。インフレ率が２％にならないから間違いだと主張する人がいたら、その人が間違えているのだ。失業率が十分に下がってインフレ率が２％にいかなければ、これは「良かったですね」で終わる話なのだ。

こういう話をするときは、とにかく失業率だけを見ておけばいい。インフレ率ばかり気にしている人は視点を間違えているのだ。そういう人は、どこで勉強してきたのだろうと思う。

筆者がこんなことをいえるのは、アメリカのプリンストン大学客員研究員時代の先生がFRB議長を務めたベン・バーナンキで、直接薫陶《くんとう》を受けた唯一の日本人だからだ。彼も「失業率が下がればそれでいい」と言っていた。

失業率とインフレ率の関係を見ながらコントロールするのが、金融政策の基本なのだ。

ちなみにこれはＧＤＰとは直接関係ない。もちろんＧＤＰが上がればインフレ率も上がり、失業率は下がる傾向にあるから少しは関係するが、その数字を見て政策を決めるわけではない。失業率とインフレ率の背景にはＧＤＰがあるというだけだ。

単純な割り算で「為替レート」は読める

日本経済は国内だけで回っているのではなく、海外ともつながっている。

国内で生産したモノを海外に輸出したり、海外からモノを買ってきて国内で売ったりする。海外にはそれぞれの国の経済があるため、その国で出回っている通貨と円を交換しなければ、海外との取引は成立しない。

そこでご存じ「為替」の登場である。

よく聞く「円安ドル高」「円高ドル安」といった話だが、わかっているようでわかっていない人が多い。

為替レートは毎日変わるものだが、それはどのようにして決まるのだろうか。

考え方としては、物価の仕組みと同じである。モノの量とお金の量のバランスで物価が決まるように、ドルの量と円の量のバランスによって、為替レートは決まるのだ。

為替レートの仕組み

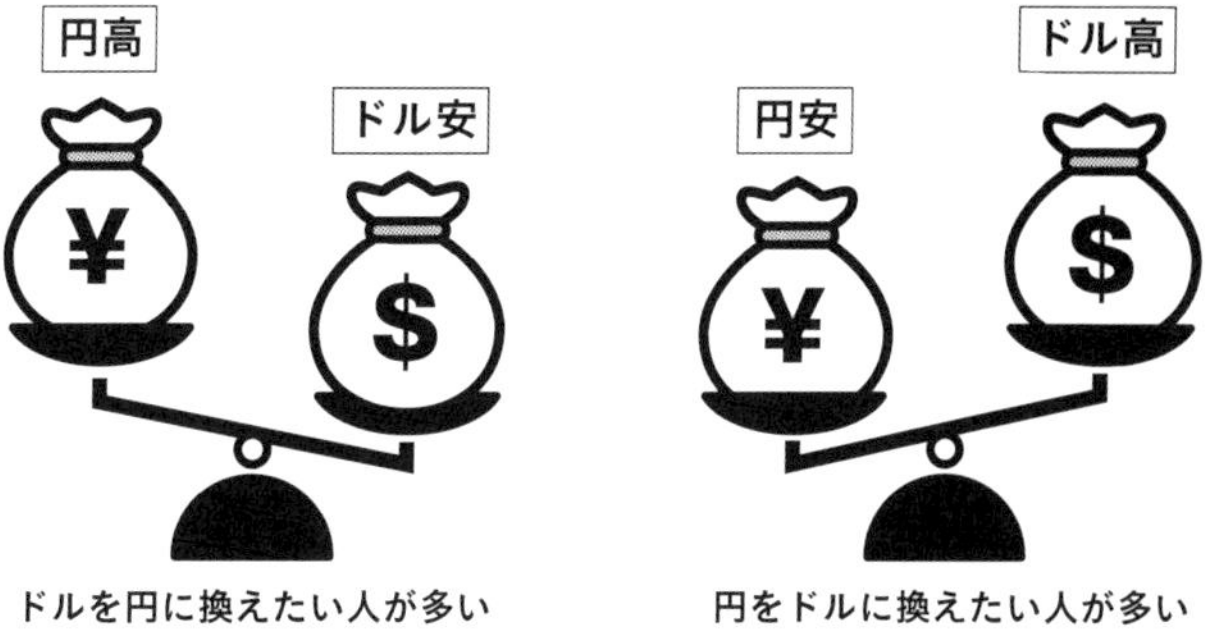

ドルを円に換えたい人が多い
円をドルに換えたい人が多い

編集部で作成

ここでふたたび出てくるのが、マネタリーベースである。

円のマネタリーベースに対してドルのマネタリーベースのほうが多ければ、ドルの価値が下がって円が上がる。少ないほうの通貨の希少性が高まるため、価値が高くなるといってもいいだろう。

これは「マネタリーアプローチ」と呼ばれ、国際金融では常識となっている考え方である。

為替を複雑なものだと思っていたのなら、まるで冗談のように思えるかもしれない。しかしマネタリーベースと為替の連動性は、データ的に整合性がとれていることなのだ。

過去40年間のデータを見ると、ドルに対する円のマネタリーベースの比が大きい年（ドルに対する円の量が比較的多い年）ほど円安、小さい年

円ドルレートと日米マネタリーベース（MB）比の推移

単位：%

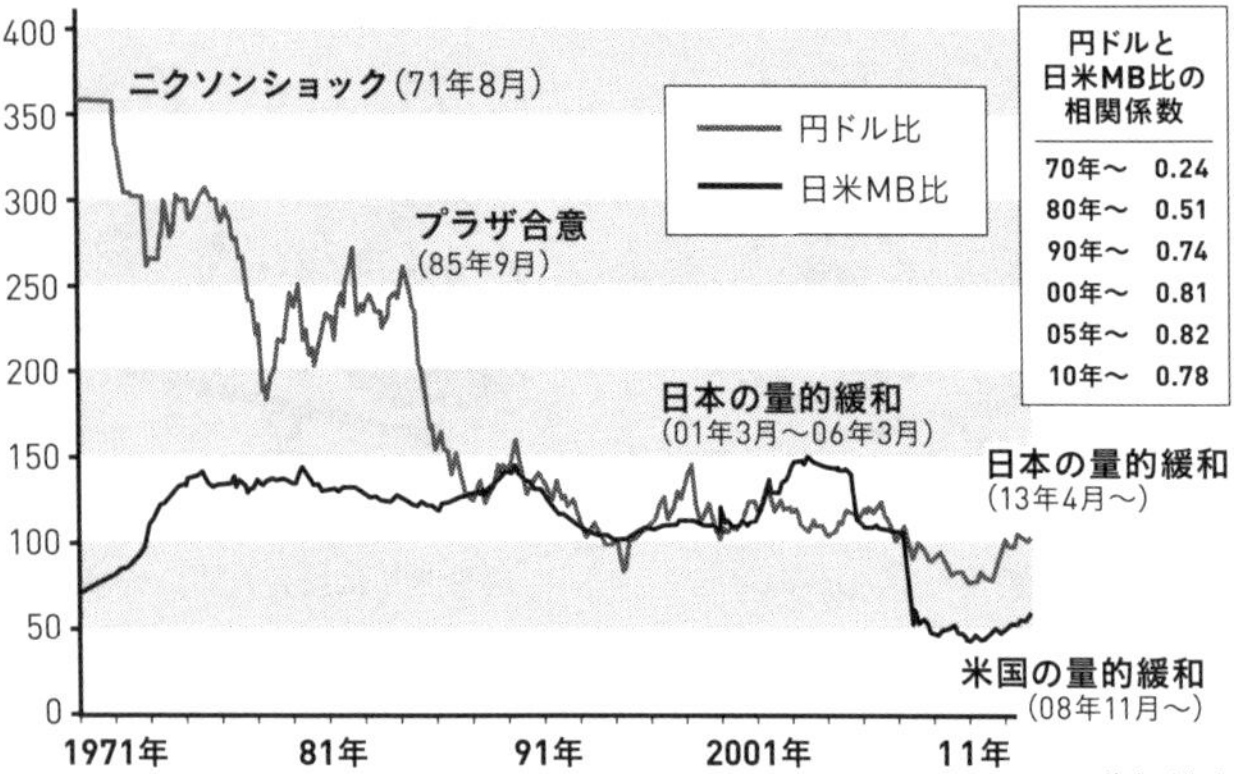

筆者が作成

（ドルに対する円の量が比較的少ない）ほど円高になっている。

なかには例外もあるが7〜8割の傾向は、このように説明できる。

データがこれほど高い相関性を示しているのだから、マネタリーベースと為替は連動しているといっていい。

そう考えれば、小学校の算数で為替レートは計算できる。

すなわち円のマネタリーベースをドルのマネタリーベースで割り算すれば、1ドルあたり何円くらいか、という傾向がわかるのだ。日々の微変動まではわからないが、経済を読むために本当に重要なのは、こういう大局的な視点である。

円安にしたいというのなら、単にマネタリーベースを増やせばいい。逆算すれば、どれくらい増やせばいいかもだいたい算出できる。

実際に私は、第一次安倍政権のときに、官邸官僚としてこの策を日銀に納得してもらって円高を円安にしたことがある。

当時、安倍総理は株価上昇を希望していたかもしれないが、株価を直接コントロールするのは難しいため、円安から株高という連鎖反応を起こすことで、責務を果たしたのである。

１ドル１２０円前後が日本経済のベスト

円高で潤うのは輸入産業、円安で潤うのは輸出産業であることは、誰もが理解していると思う。

念のために説明しておくと、輸入産業は海外からモノを買って国内で売るのだから、円高のほうが仕入れ金額を低く抑えられる。

過去には「円高還元セール」といったうたい文句とともに、輸入食品などが格安で叩き売りされていなかっただろうか。売価を格段に下げても利益が出るほど仕入れ額が低い、

為替競争力（横）と経済成長率（縦）の関係

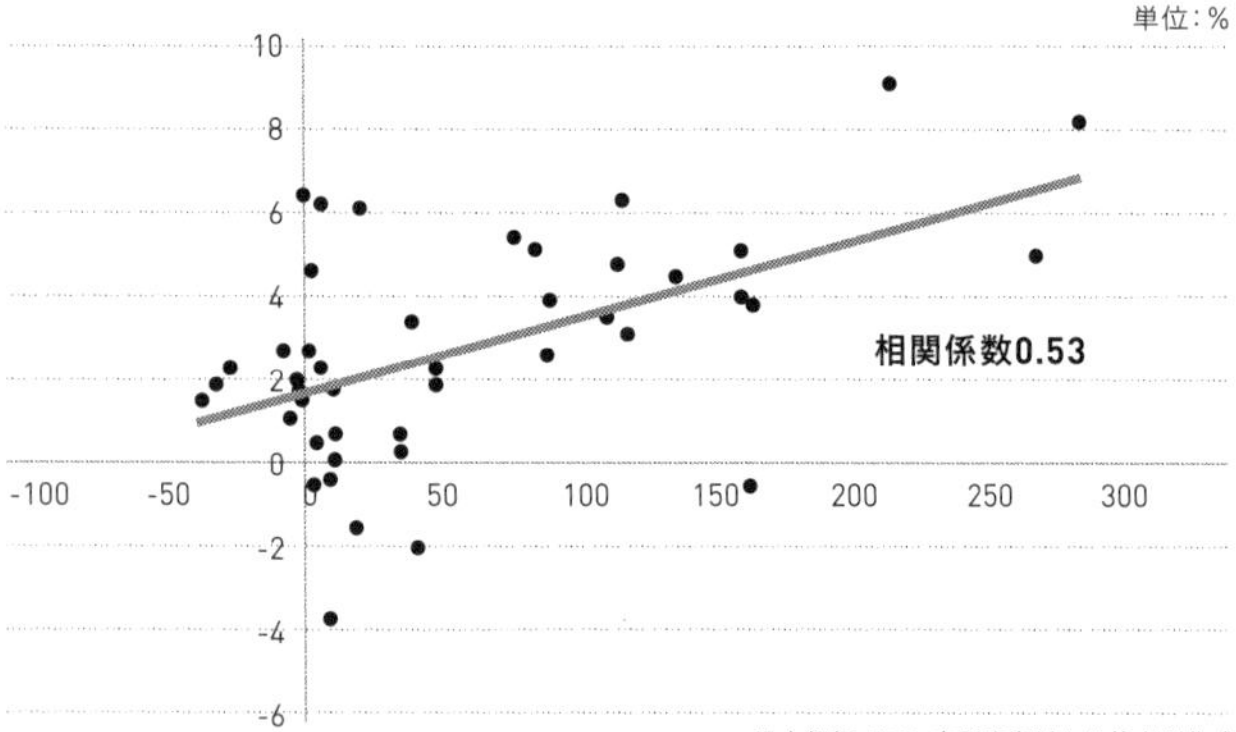

日本銀行、FRB、内閣府資料より筆者が作成

つまりそれほど円高だったということだ。

一方、円高だと輸出産業は打撃を受ける。日本から輸入する側に立てば、１ドル１３０円のときは１万円のものを約77ドルで買えたのに、１ドル90円になると約１１１ドルになるため、日本から買うことを渋ってしまうからだ。

反対に円安だとこれとは逆のことが起こるため、輸出が増える。

輸出業と輸入業の両方がある以上、円高も円安も一長一短、あちら立てればこちらが立たぬと言ってしまえばそれまでだが、日本経済にとっては、円高より円安のほうがメリットは大きい。

輸出業は日本の有力産業であるし、何より海外のお金を国内に持ってくることができる。それが日本経済全体をよくすることにつながるのである。

データを見ても、円安のほうがGDPは伸びている。

輸出業の業績が伸びれば自然に株価も上がり、また企業収益が増えるぶん国の税収も増える。このように日本経済全体が底上げされれば、円安だと苦労する輸入業にも、次第にうまみが回っていく。

また、単純に考えて、輸出業の賃金が上がれば、まず彼らの消費が伸びるし、多少モノが高くても買うようになる。となれば輸入業は、妥当な利幅を乗せて輸入品に値段をつけられるようになるというわけだ。

ただし、当然ながら円安になりすぎると輸入業は薄利多売、悪くすると赤字に陥ることになる。ドル円は120円前後で維持することが望ましい。

バランスがとれ、日本にとって最もうまみがあるからだ。

「世の中のお金の量」は日銀が調整している

世の中のお金の流れや変動についてごく基本的なことをおさえたところで、その変動をいかにコントロールするか、という話に入っていこう。

これまでの話でわかったと思うが、「モノとお金」「通貨と通貨」という具合に、経済はバランスの変化によって動いている。

つまりこのバランスに手を加えれば、ある程度、人為的に経済をコントロールすることができるのだ。

それをするのが、政府と中央銀行（日銀）による経済政策である。

まず、日銀が行う経済政策は「金融政策」と呼ばれる。

これは、平たく言うと「物価の安定のため世の中に出回るお金の量を調整すること」だ。金融緩和、金融緊縮（引き締め）とは、出回るお金の量を「増やす（緩和）」→インフレにする、「減らす（緊縮）」→デフレにする、ということである。

あとで詳しく説明するが、世の中に出回るお金の量が変わると、金利も変わる。お金の量と金利は表裏一体の関係だ。金利が変わると物価も変わる。日銀は、そのときどきの「これくらいの金利にする」という目標に向けて、金融緩和や金融緊縮を行うのである。

では日銀は、どうやってお金の量を調整するのか。伝統的な手法としては、民間の金融機関が持っている債券や手形の売買が挙げられる。

デフレのときは買う（買いオペレーション）。

ちょっと余談だが、日銀がモノを買えばお金が刷られる。

この現象は日銀だけだ。普通の人や企業は、手持ちのお金でモノを買うわけで、手持ちのお金以上には買えない。当座借り入れで、少しは手持ち現金より余計に買えるがそれでも限界がある。

ところが日銀はお金を刷るので理論上は限界がない。

日銀は何でもモノを買えば、世の中のお金が増えるので、これをあえて強調するためにバーナンキ元ＦＲＢ議長は、「ケチャップでも買ったらいい」と言った。

いずれにしても、日銀が金融機関から国債等を買えば、金融機関の資金が潤沢となり金利が下がる。なぜかというと、資金が潤沢になれば銀行はほかの銀行からお金を借りる必要がなくなるからだ。

また銀行が資金を運用する際には、ほかの銀行もおしなべて資金が潤沢になっているため、どこも金利を下げてお金を貸そうとするようになる。

いわば貸し手の「金利下げ合戦」のような状態になるのである。

需要と供給の関係で考えるとわかりやすいかもしれない。

オペレーションの仕組み

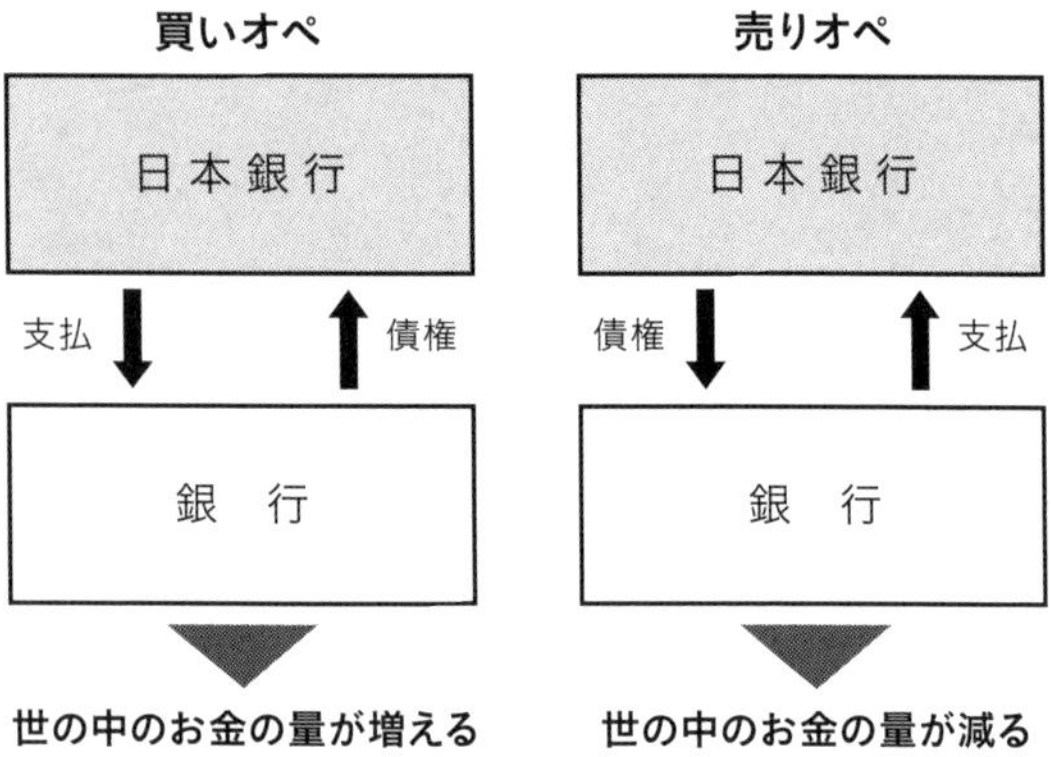

編集部で作成

要するに借りたい人（需要）に対してお金（供給）が潤沢にあることになれば、供給側の価値（利子）もおのずと下がるというわけだ。

こうして金利が下がると、借り手は融資を受けやすくなり、世の中に出回るお金が増えて物価が上昇する。

なぜか——先に説明したとおり、物価は「モノとお金の量のバランス」によって決まるからだ。お金が増えたぶんモノの価値が上がり、インフレになるわけである。

反対に、日銀が民間の金融機関に債券や手形を売ることを「売りオペレーション」という。ここではいまの説明とはまったく逆のことが起こるため、世の中に出回るお金の量が減り、結果デフレとなる。

このように、日銀は世の中に出回るお金を調整し、「風が吹いたら桶屋が儲かる」式の連鎖反応を起こすことで物価をコントロールする。

ただし、日銀による金融政策の方向性を決めるのは政府である。

政府はいわば司令塔であり、日銀は金融の専門家として、政府の意向に沿った目標（インフレ目標）を実現するために策を講じる責務、たとえばお金をどのくらい増やしたり減らしたりして、金利をどの程度にするかという責務を負う。

しばしば「日銀の独立性」がうんぬんされるが、これはあくまでも「手段の独立性」であり、「目標の独立性」ではない。これは世界の常識である。

日銀が勝手に目標を立てて策を講じることは、本来あってはならないのである。

逆にいえば、日銀をうまく使うのも、日銀の言いなりになるのも、政府の手腕次第ということだ。

金利は「ゼロ」以下にもできる

前項で「金利」という言葉が出てきたが、これはある意味トリッキーな言葉である。

「金利」と聞けば、「それはどの金利のことを言っているのか」と思ってほしい。

まず、ふたとおりの考え方を知らないと、「金利」を理解したとはいえない。

ひとつは「名目金利」だ。

これはインフレ率を考慮しない名目上の金利であり、政策目標とされたインフレ目標を達成するために日銀が便宜的に定める金利目標（政策金利）や、銀行の貸出金利がこれにあたる。つまり前項で出てきた「金利」は、すべて名目金利ということになる。

これに対して「実質金利」という考え方がある。

これは名目金利からインフレ率（経済学で実質金利とは、名目金利から実際の事後的なインフレ率ではなく事前の予想インフレ率を引いたものを指す。説明の簡略化のために、とくに断りのない限り実質金利としておく）を引くことで、より実情に沿った金利を示す。

たとえば、「ゼロ金利政策」とは、名目金利が0でも、翌年の予想インフレ率がマイナス1％だとしたら、実質金利は0－マイナス1＝1％となり、実質的には1％の利子がついているのと同じことになってしまう。

経済学者ですら混同しているように見受けられることが多々あるので、この区別ができていないと、経済を大きく見誤りかねないのだ。

現在の名目金利が1％、インフレ率がマイナス0・5％（デフレ状態）だとすると、実質金利は1－マイナス0・5＝1・5％だ。

そこで2年後の名目金利が2・5％、インフレ率が2％だとしたら、実質金利は2・5－2＝0・5％になる。

名目金利は1％から2・5％に上がっているのに、インフレ率を考慮したことで実質金利は1・5％から0・5％に下がっている。

こういうことが起こりうるため、金利が上がる、下がるといっても、どちらの金利のことなのかを明確にしなければ、じつは話にならないのだ。

さて、金融政策では政策目標に従って日銀が金融緩和や緊縮をするといった場合、そこでいう金利＝名目金利はゼロ以下にはできない。

絶対にできないというわけではないが、お金をわざわざ銀行まで持っていって預金すると手数料を取られるのなら誰もやらないので、普通の世界では起こらない。

しかし、名目上はゼロなのに実質的にゼロになっていないというときに、さらなる金融緩和が必要な場合がある。

近年のようなデフレ状況がまさにそれだが、伝統的手法はもう使えない。

●名目金利が0でも……
来年のインフレ予想率がマイナス1％だとしたら、

➡ **実質金利は“0−（−1）＝1％”**

実質的には1％の利子がついているのと同じ

●現在の名目金利が1％、インフレ率がマイナス0.5％（デフレ状態）だとすると……

➡ **実質金利は“1−（−0.5）＝1.5％”**

●2年後の名目金利が2.5％、インフレ率が2％だとしたら

➡ **実質金利は“2.5−2＝0.5％”**

名目金利は1％から2.5％に上がっているのに、インフレ率を考慮したことで実質金利は1.5％から0.5％に下がる！

筆者が作成

そこで日銀は、非伝統的手法と呼ばれる方法をとる。

具体的には、金融機関の日銀当座預金を増やすことでマネタリーベースを増やす「量的緩和」だ。なお、将来の目標インフレ率を掲げる「インフレターゲット」もあるが、これはもはやほとんどの先進国で採用されている、標準的な考え方になっている。

ただし、このふたつは無関係ではない。デフレ下では明示するか否かにかかわらず、「インフレターゲット」の達成のために「量的緩和」するのが普通だ。

量的緩和をすると、世の中に出回るお金が増えてインフレになるが、実際にお金の効果が出るまでに2年ほどかかる。むしろ、ここで重要なのは、マネタリーベースを増やした際の市場の反応だ。

インフレターゲットには、市場に「これからインフレになるかもしれない」というマインドの変化を生み出す作用がある。すると予想インフレ率が上がり、結果的に実質金利が下がるのである。

ただし、達成手段のない「インフレターゲット」はこけおどしである。

というわけで、量的緩和がインフレターゲットの達成手段になるわけだ。

「マネタリーベースが増えそうだ」というマインドが、予想インフレ率アップにつながるのである。つまり量的緩和は実際に効果が表れる前に、日銀が「する」と宣言し実行した時点で、インフレ予想を高める効果を発揮するということである。

投資家の〝読み〟が景気を左右する

前項で見たように、金融政策の非伝統的手法とは、市場のマインドに働きかける方法ともいえるだろう。

先読みで勝負している投資家たちは、「マネタリーベースが増えそうだ」「これからはインフレになりそうだ」といった予想に最も敏感な人々だ。

だからマインドの変化は、真っ先に市場に現れるのだ。

私が大蔵官僚時代にアメリカの大学で習得し、日本に導入したものに「物価連動債」という債券がある。

〝元本の金額がインフレ率によって調整される〟というもので、将来的にインフレになれば、それだけ元本が増え、受け取る利子が増えるという仕組みだ。いわば、物価の先物取引である。

物価連動国債のイメージ

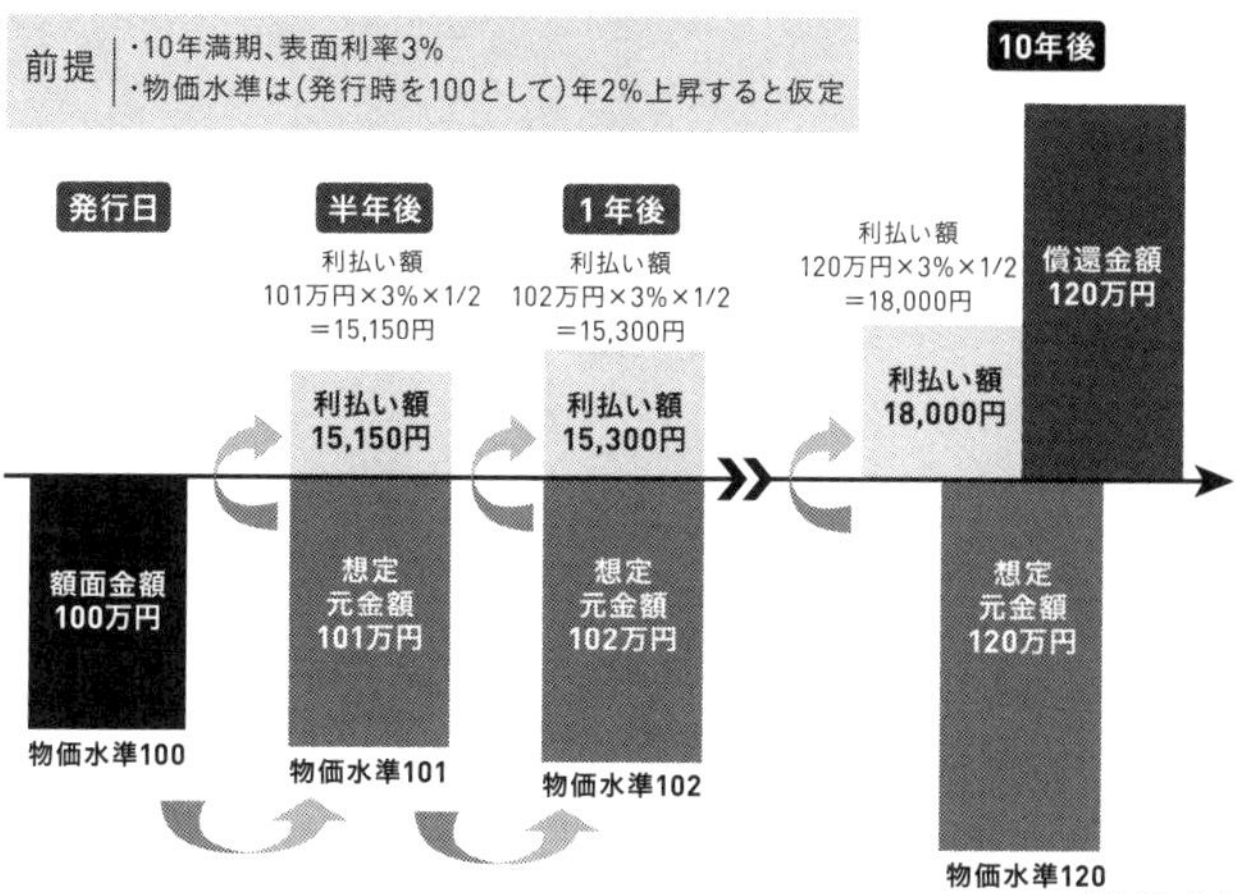

編集部で作成

ちなみに投資家たちが、「インフレになりそうだ」と予想して、物価連動債に投資すればするほど金利は下がるわけだが、インフレ率に応じて元本そのものが増えるので、利回りが低くなっても結果的に投資家たちが手にする金額は増える。

なお、固定金利債の金利は名目金利だが、物価連動債はインフレ率によって元本の額が変動するため、その金利はすなわち将来のインフレ率を見越した実質金利となる。

「実質金利＝名目金利－インフレ率」だから、固定金利債の名目金利と物価連動債の実質金利の差（これをＢＥＩという）を求めれば、市場のインフレ予想がわかることになる。
つまり物価連動債の導入により、目に見えないはずのマインドの変化を可視化できるようになったのである。もちろん、可視化はこれ以外にも方法はあるが、各国の中央銀行でよく使われているものだ。
投資家たちの〝本気勝負〟から導かれる数字なのだから、これ以上たしかな基準はないと言っていい。
たとえば、固定金利債の金利が5％（名目金利）で、物価連動債の金利が3％（実質金利）になった場合、その差は2％だから、市場は2％のインフレ予想をしていることになる。
ゼロ金利政策のもと、こうした市場マインドの変化によって、予想インフレ率がマイナス1からゼロ、さらに1％となっていけば、
0（名目金利）－マイナス1（予想インフレ率）＝1（実質金利）
0（名目金利）－0（予想インフレ率）＝0（実質金利）
0（名目金利）－1（予想インフレ率）＝マイナス1（実質金利）
という具合に、名目金利はゼロのままでも実質金利は下がり、さらなる金融緩和となる。
これが景気回復のカギとなる。

つまりゼロ金利政策が有効でなくなった際には、量的緩和とインフレターゲットを行えばいいのだ。

デフレ予想がインフレ予想に変わり、BEIが上昇すると、それにつられるようにして、まず円安になり、つづいて株価が上がる。

専門的な説明は割愛するが、これは理論上も明らかだ。

円安・株高になれば、輸出・消費・設備投資も伸び、賃金も上がる。言い換えれば名目GDP成長率が伸びるということ、すなわち景気回復だ。

かかる時間的な目安は、マネタリーベースの増加から2年程度である。

「そんな単純なことでいいのか」と思うかもしれないが、そうなのだ。

ではなぜ、日本ではこれほど単純なことが行われず、デフレに苦しまなければならなかったのか。その理由については、次章以降に譲る。

金融政策は「お風呂のお湯」と同じこと

ここまでで、金融政策の方法はあらかた理解してもらえただろうか。

いまがデフレになっているため、それを解消するための金融緩和についてスペースを割いてきたが、金融緊縮は、基本的に金融緩和とは逆のことを行うことで、逆の効果を生み出すものだと思っていい。

金融緩和にしても緊縮にしても、タイミングが非常に重要である。

金融政策はダイレクトに市場に作用し、そこから連鎖反応的に金利、為替、株価、物価……などと、結果的にGDP成長率にまで影響する。

そもそも、結果的にそこまで影響を及ぼすことが明白（目的といってもいい）なものであるだけに、タイミングを見誤ると、日本経済に大打撃を与えかねない。

じつは1980年代のバブル経済への対応がその典型例なのだが、これも次章で詳しく説明する。

金融緩和と金融緊縮は、お風呂の蛇口と栓の開け閉めと同じことである。

風呂の水はマネタリーベースだ。水が足りなければ蛇口を開けて水を増やし、多すぎれば栓を抜いて水を減らす。基本的には、これだけのことだ。

緊縮のタイミングは、インフレ率が3％かそれ以上になる見通しのころが適当だろう。

まずは非伝統的手法で量的緩和をやめる。すると市場ではインフレ予想が低下し、実質金利が上がり始める。

これでもインフレ率が上昇を続ければ、今度は伝統的手法により政策金利を引き上げる。売りオペレーションによって民間の金融機関に債券や手形を売却し、お金を吸い上げる。銀行は運用資金が減るために金利を上げる。金利が上がると企業は融資を受けにくくなり、設備投資も減る。

こうしてマネタリーベースを徐々に減らすことで、前に述べたような「すごいインフレ」になることを未然に防ぎ、物価をちょうどいいところで安定させることができる。

緊縮と聞くとケチ臭いイメージがあるかもしれないが、これもタイミング次第である。

「金融政策」と「財政政策」――違いは何か

政府目標に従って日銀が行う金融政策に対し、政府が自ら行う経済対策は「財政政策」といわれる。

最初に断っておくが、私が旨とするマクロ経済学的に考えれば、日銀の金融政策によって経済全体の底上げを目指したほうがいい。政府の財政政策を行うにしても、まず金融政策ありきというスタンスである。

事実、リーマンショック以降の各国の経済政策を見ても、まず正しい金融政策があり、補助的に財政政策を行ったケースだけが、景気回復の扉を開いている。

政治家のなかにも、私と同様のスタンスの人と、財政政策に重きを置く人がおり、時の政府でどちらが力を持つかが、経済政策に影響する。こういう視点で報道を見ていると、政治家たちの考え方やしがらみが見えてくる。

さて財政政策とは、政府が歳出・歳入を調整することで、経済に影響を及ぼそうとするものである。歳出とは公共投資、歳入とは税金だ。

たとえば景気が悪ければ大々的に公共投資を行って雇用増大を目指し、減税をして国民の負担を減らす、といった具合である。税金についてはあとで詳しく解説するので、ここでは公共投資に絞って話を進める。

公共投資はたしかに雇用創出効果はあるものの、特定の業界に偏るという不公平は避けられない。加えて官僚と業界などの、癒着の温床になりやすいというデメリットもある。

したがって、むやみに公共投資をすればいいというものではない。

正しい金融政策が行われているところへ、その効果をさらに高めるために、本当に効果

マンデル＝フレミング効果

	固定相場制	変動相場制
財政政策	○	×
金融政策	×	○

編集部で作成

がある公共投資だけに絞らねば、本末転倒となる。

　それをどうやって見極めるか。考え方は単純で、投資に見合うバックが見込めるかを分析すればいい。これはコスト・ベネフィット分析（B／C＝費用便益分析）と呼ばれる。

　公共投資のすべてが悪いのではなく、投資効果が高いものだけを厳選して行えば、経済成長につなげることができる。

　ただし、バックが見込める高い公共投資でも、あくまで金融政策ありきで行われるべきだというのには、理由がある。じつは公共投資は金利の上昇を招き、それが円高、輸出減、輸入増につながるおそれがあるからだ。

　これは、「マンデル＝フレミングモデル」という経済理論によるものだ。よって「単独で行う財政政策には効果がない」と結論づけたもので、1999年にノーベル経済学賞を受賞した。

公共投資オンリーの人、この人たちは特定業界の利益代表であることも多いのだが、そうした人にとってこの理論は目の上のたんこぶだ。だから、この理論は誤りだという人も多いのだが、それなら早く論文を書いてノーベル賞をもらったほうがいい。ただ、そうした人はまだ出ていないので、悔し紛れに言っているのだろう。

輸出が減って輸入が増えるということは、公共投資の効果が海外に流れ出るということだ。日本経済のための施策が、海外を利するだけになってしまう。

そこで正しい金融政策による円安効果があれば、公共投資によって生じる円高を打ち消すことができ、投資効果を国内で回収できる。

さらにいえば、世界的にも財政政策（公共投資）が行われている状態で、公共投資をするのが望ましい。日本の公共投資の効果が海外に流れる逆パターンで、海外の公共投資の効果が日本に回ってくるからだ。

第2章　日本を貶めるトンデモ経済論

株価で経済を読もうとする間違い

日経平均株価は毎日報じられる。

ご丁寧に前日比つきで、あたかも平均株価を知っていれば経済の動きがわかるかのようだ。そのため、政府や日銀の経済政策の効果を見る指標として、挙げられることも多い。

投資をしている人が、株価の変動を気にするのはわかる。そうでなくても、社会人の教養程度に平均株価をチェックするぶんにはいいかもしれない。

しかし、平均株価が上がっただの下がったのだけでは、経済政策の是非はわからないし、経済の動きを読むこともできない。私は、株価はあくまでも副産物であり、未来予測に役立つ基準として、100%信頼しているわけではない。あくまでひとつの参考指標にすぎない。

何の副産物かというと、実質金利の副産物だ。

第1章で述べたように、実質金利が下がると、円安・株高になる。

といっても、「そういう傾向になる」ということが言えるだけで、株価が急激に上がるか、ゆるやかに上がるかまではわからない。

株価にはじつにさまざまな要素が含まれており、いまのところ、どのような経済学のツールをもってしても、ある程度の確度をもって株価上昇率を読むことは難しいのだ。

たとえ株価が一時的に下がっても、金融政策が正しければ実体経済は上向きになる。その正しさを判断する基準は、実質金利である。

ここまでに何度か述べているように市場のマインドを映し出す予想インフレ率は、ほぼ実情に忠実かつ俊敏性の高い数字である。これをブレーク・イーブンで見たり、アンケート調査から見たりしている。

それによって導き出される実質金利（名目金利－予想インフレ率）を見ていれば、金融政策の実体経済への影響は予測できるといっていい。

つまり実体経済の大きな流れを読むには、株価というあやふやな副産物よりも、この副産物を生むおおもと、つまり実質金利を見ていればいい。株価の乱高下に一喜一憂し、その都度、経済政策の効果をうんぬんするのは、あまりに短絡的と言わざるをえないのである。

日銀に対する陰謀論者の勘違い

日銀の株式は、55％を日本国政府が持ち、45％を別の民間人が持っている。その45％に外資系金融資本が入っているから、外国人の言いなりになっているのではないかという陰謀論がある。

これは「出資証券」と呼ばれるもので、これを持っているだけでは議決権はないし、経営にも参画できない。だから日銀の出資証券を買っている人はいるが、経営参画は政府しかできない。実質は１００％政府だ。形だけ45％は民間にしているが、出資証券という名称にして株主権も議決権も生じない。ちなみにものすごく低い配当だけはある。

なぜそんな証券を買うのか。その理由は額縁に入れて飾っておきたいからだ。

民間にも発行した理由は、最初にそちらのほうがいいと思ったくらいの話だろう。いまは別に大きな意味はない。たまたまそのときにそう思ったのだろうが、議決権も何もないから仮に１００％出資でも何ら問題はなかった。

これはＦＲＢなどもそうで、仕組みは若干違うが事実上は同じだ。法律などがあるから

日本銀行の株価の推移

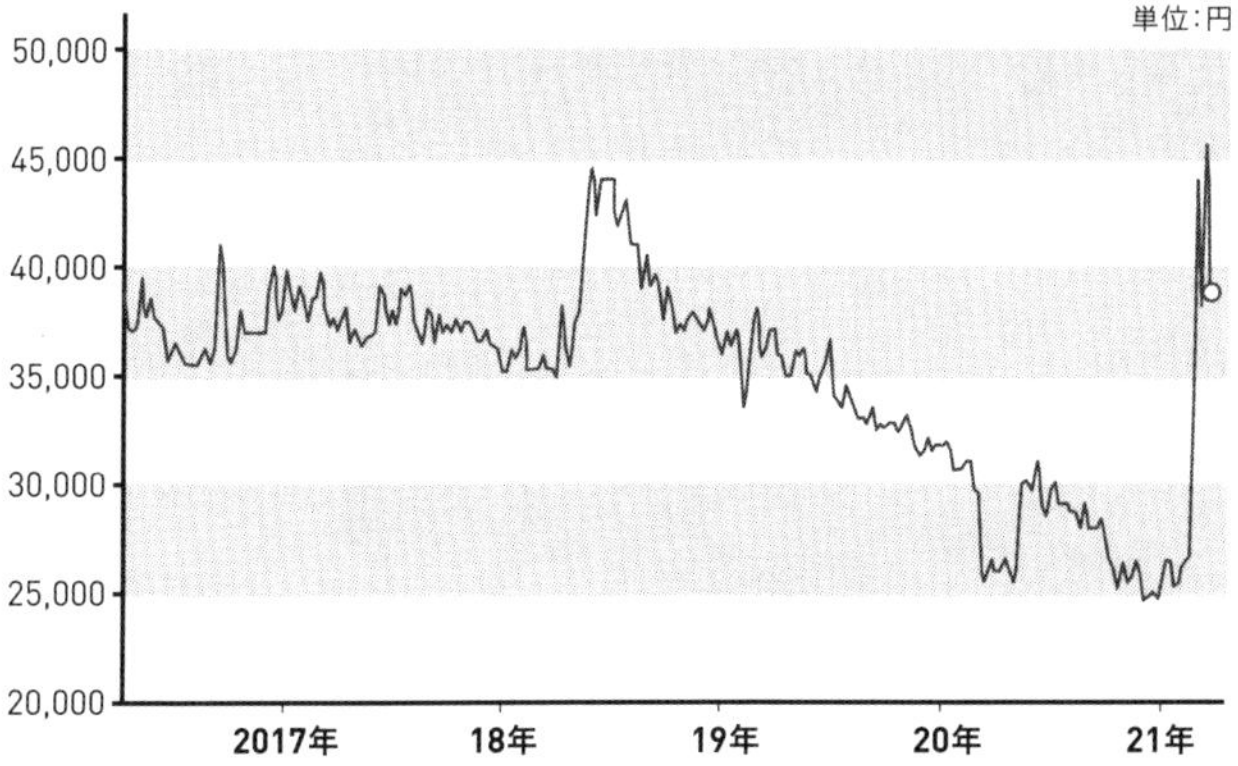

「Google Finance」より作成

国際資本が経営に介在する余地はまったくない。だから少し株式を持っているからといって、普通の株券と同じだと誤解するところが陰謀論のミソだ。45％の株式を持っていれば影響があるだろうと思わせるだけで、本当はまったく影響がない。日銀の株主総会もない。なぜなら株式がないからやっても仕方がないからだ。だから出資証券を持っている人が意見を述べる場は一切ない。

みんな額縁に飾る名誉のためだけに持っている。何の意味もないということを知っている人は知っている。せいぜい日銀の出資証券を見せつけて何か影響力があるのではないかと思わせたり、「私は日銀の株主ですから」と言ったりして人をごまかしたり、自分を大きく見せたりできる程度である。

実は日銀の証券は普通に買えるが、買ったところで何の配当もないし、株価の上下もないから持っていてもまったく意味がない。

日本は「借金」も「資産」も世界一の国

財政再建を急がなければならない理由としてよく挙げられるのが、日本の借金の多さである。

その額、およそ1000兆円超。

財務省はしきりに、「国民一人あたりに換算すると800万円」「借金のGDPに占める割合は200％で世界最大」などと恐怖をあおっている。

借金が1000兆円以上あるのは事実だ。GDP比もたしかに世界最大級に高い。この点で財務省は、ウソはついていない。

しかし意図的に、ある事実から国民の目を背けているように見える。

それは、借金に対する資産の額である。

世界各国の政府のバランスシート（GDP比率）

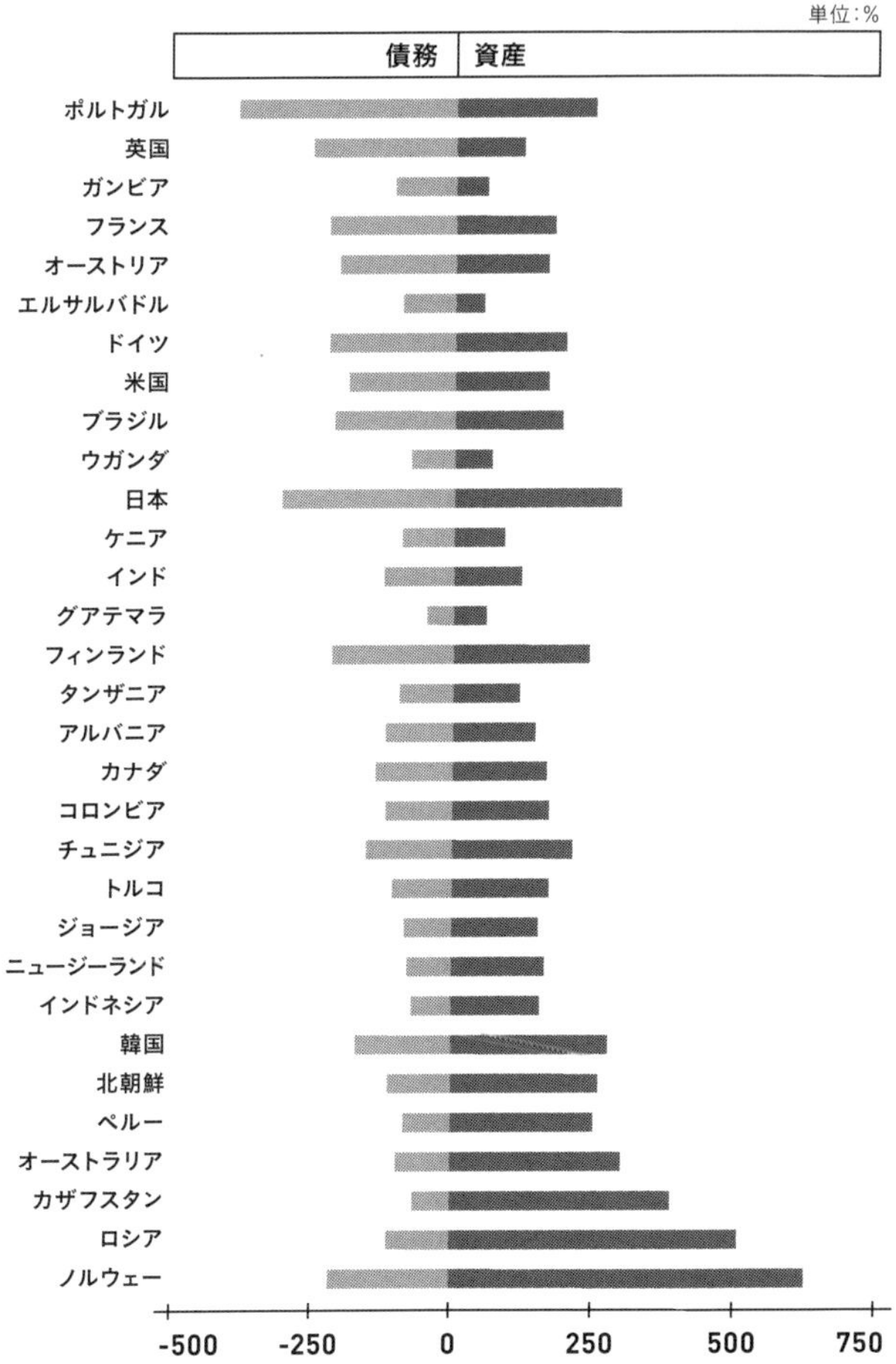

IMF「Fiscal Monitor,October 2018」より編集部で作成

考えてみてほしい。

企業の財務状況を見るときに、借金だけで考える人がいるだろうか。

企業は設備投資や運用資金を銀行から借りているが、一方で工場や在庫、子会社などの資産を持っている。これらの資産と借金を並べたバランスシートを見て初めて、その企業の財務状況がわかる。国とて同じである。

要するに国のバランスシートを見て考えなければ、日本の財政状況は本当にはわからない。ちなみに国のバランスシートを財務省で初めて作成したのは、私だ。

財務省にとっては資産総額という、不都合な真実が明るみに出てしまうものであり、政府として公表するまでに10年もかかった。しかし、いまでは世界の流れからもバランスシートを公表せざるをえなくなり、毎年こっそりと公表されている。

では日本の財政をバランスシートで判断すると、どうなるか。

ひと言でいえば日本は「借金は世界一、しかし資産も世界一の国」なのである。

２０１２年３月末のバランスシートでは、負債総額１０８８兆円に対し、資産総額は６２９兆円。差し引き４５９兆円が日本の借金ということになり、先進国としてはそこまで多い額ではない。

政府の連結バランスシートのイメージ

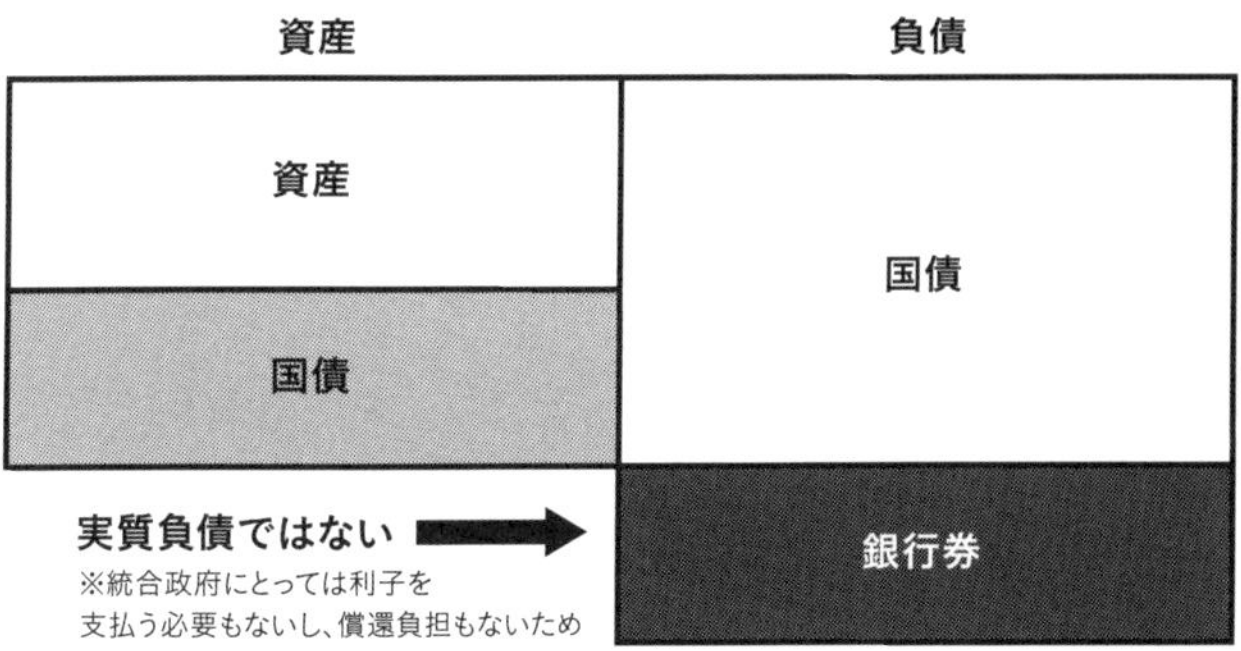

財務省「国の財務諸表」より筆者が作成

しかも国は一般企業と違い、バランスシートのほかに「課税権」と「徴税権」、つまり税収という別計算の資産もある。税収を押し上げる経済成長を促すことができれば、４５９兆円の債務超過でも憂えることはない。

ちなみに、この数字を名目ＧＤＰ比にすると、約97%だ。アメリカでも同じようにバランスシートがあるので、債務超過額の対ＧＤＰ比を計算すると、約99%。なんとアメリカのほうが悪いのだ。この程度で大騒ぎすべきなのだろうか。

さらに注目すべきは、資産の内訳だ。

資産６２９兆円のうち４２８兆円が金融資産であり、そのうち貸付金や出資金等の合計３００兆円ほどは、すぐに現金化できるものなのだ。

なかでも貸付金や出資金は独立行政法人や特殊

法人に渡っているお金、いわゆる特別会計の埋蔵金だ。いってしまえば、天下り先に多額の資金提供が行われているということだ。

先ほど、「資産総額は財務省にとって不都合な真実」だといったが、これこそが不都合な理由である。

たとえば企業が経営難に陥ったら、まず何をするだろうか。

預金、貸付金などの金融資産をはじめとして、工場や子会社などの資産を処分するだろう。それと同様に国が財政難だというのなら、まずはムダな資産を処分すればいい。

それは、とりもなおさず財務官僚にとっては自らの天下り先を処分することになる。だから財務省は、資産総額を明らかにすることで処分可能資産の存在が知れてしまうことを、極力避けたかったのだ。

しかしいまでは、国のバランスシートが公表されている。

財務省の身勝手な口車に乗せられて、借金総額だけを見て恐れるのは愚かというものだ。

実は黒字!?　国債のカンタンな仕組み

日銀が国債を買い取れば、政府の借金が消えるとはどういうことか。読者からそんな質問をされたことがある。

正確にいえば、日銀が国債を買い取っても借金が消えるわけではない。借金は借金として残る。借金はなぜ大変かというと「利払い」が生じることだ。国債を買い取れば、その利払いが事実上なくなるというわけだ。

政府が借金をすると、必ず国債所有者に利払いをしなければならない。その国債をたまたま日本銀行が持っていたらどうなるか。政府は日銀に利払いするが、日銀は政府の子会社だ。

日銀の収益はどのように発生するのか。日銀はお札を刷って、そのお札で国債を買っている。お札は無料で刷れるし、買った国債は利払いが生じるから、その差額がまるまる日銀の収益になる。そして政府はその収益を１００％取れる。これがいわゆる「日銀納付金」というもので、それが政府の子会社という意味だ。これは民間でも同じで、どこかの子会社になれば収益はすべて親会社に取られるのが普通だ。

日銀納付金はきちんと「日本銀行法」という法律で定められており、必ず国庫に納付しなければならない。だから政府が日銀にいくら利払いをしても、すべて日銀納付金で取れるから、その意味で日銀が持っている国債については事実上まったく利払いする必要がない。

元金については、普通は現金で償還する。だが、日銀だから現金を使う必要がない。償還期限がきたら、現金の代わりに国債を政府に渡せばいい。ただそれだけだ。100％借り換えと言い換えてもいい。

日銀は現金を持っているから、政府から現金をあげても仕方がない。だから日銀は10年国債の償還がきたら、政府のほうは「償還がきたね。国債があるからそれで償還して」というのを永遠に繰り返す。ずっと借り換えをしているだけだ。

新しく国債が発行されたら、それを日銀が買えばその分が上積みされていく。逆に国債を買わない限りずっと同じ残高で、償還がきたら借り換えをするというのを繰り返す。利息はずっと払うが、政府は国庫納付金で受け取る。

巷で「日本の借金ガー」と言う人たちは、日銀が持っている分の借金を明示せずに借金全体として1000兆円以上もあるという言い方をするから金額が大きく見える。ただ、

日銀による国債購入の流れ

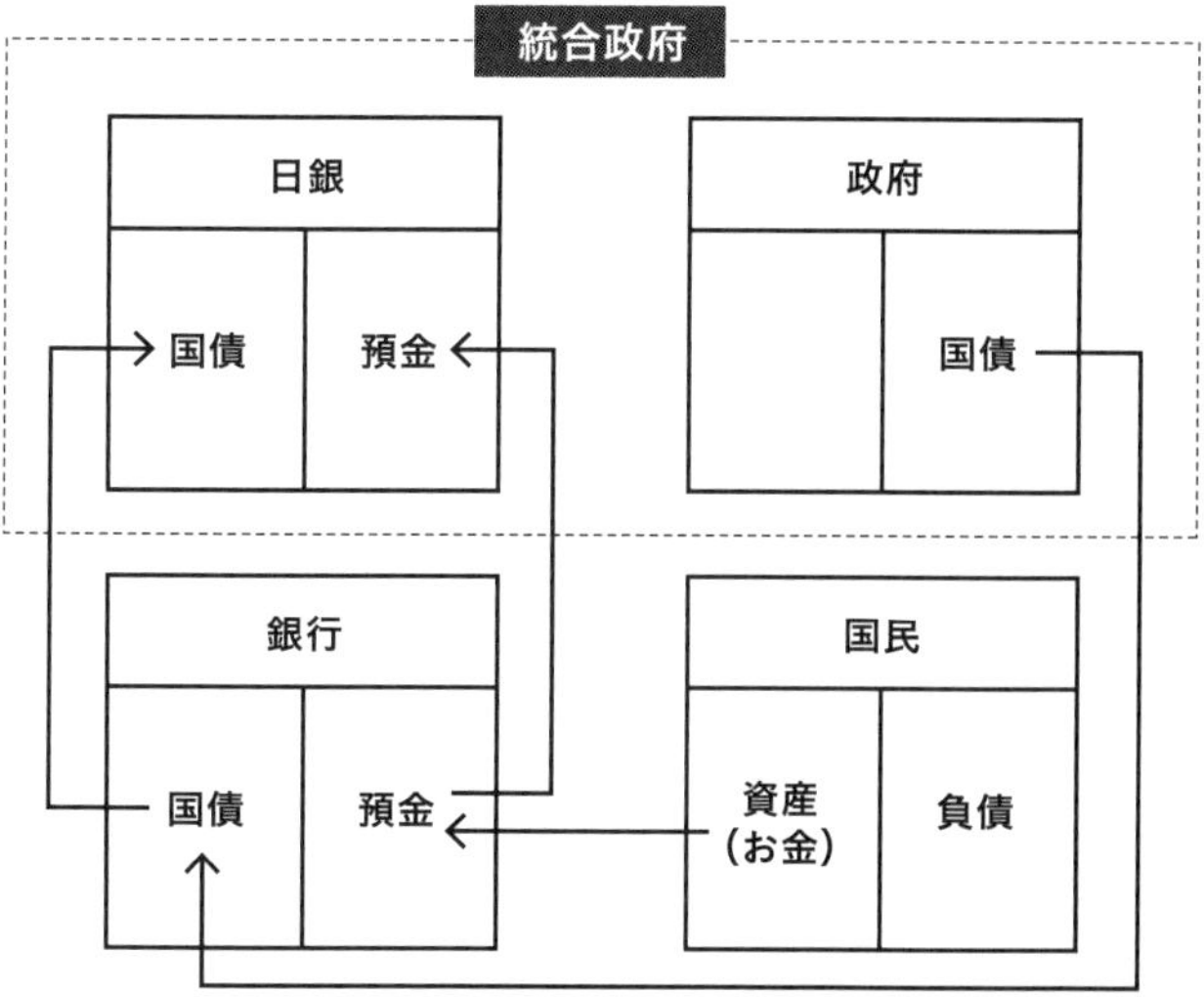

編集部で作成

その半分の５００兆円くらいは日銀が持っている。その意味で、実際は利払いも償還もしない借金が５００兆円くらいあるというわけだ。だから、政府の借金というのは大した問題ではない。

それでも大変だという人がいるかもしれないし、５００兆円は事実上民間からの借金であることは間違いないが、政府は一方で６００兆円の金融資産を保有している。これは貸借対照表を作るとはっきりするが、財務省は絶対にこうした金融資産があるとは言わない。実は金融資産の収益があるから、差額を考えると政府は儲かっているのだ。

「この金融資産は売れないではないか」という人もいるが、利息が入ってくるから売れなくても別にそれで構わない。国債の500兆円の利払いとほぼ同じくらいだ。だから何ら問題ない。

じつは、日本政府はすごい黒字経営というわけではないがトントンくらいだ。だから国債の1000兆円が大変だという人には、半分の500兆円は日銀の分だと伝えて、日銀が持っているから利払いが発生しないし、利払いをしても国庫納付金で政府にすべて返ってくる。一方であと半分の500兆円は利払いが発生するが、金融資産の収益があるからトントンになると説明してあげよう。

信用ならない「国債の格付け」

CDSという言葉を聞いたことがあるだろうか。これは各国の国債の信頼度を示すもので、財政の健全性を国際比較する際の参考になる。

「なんだ、格付けのことか」と思ったかもしれないが、大間違いである。

各国のCDS推移

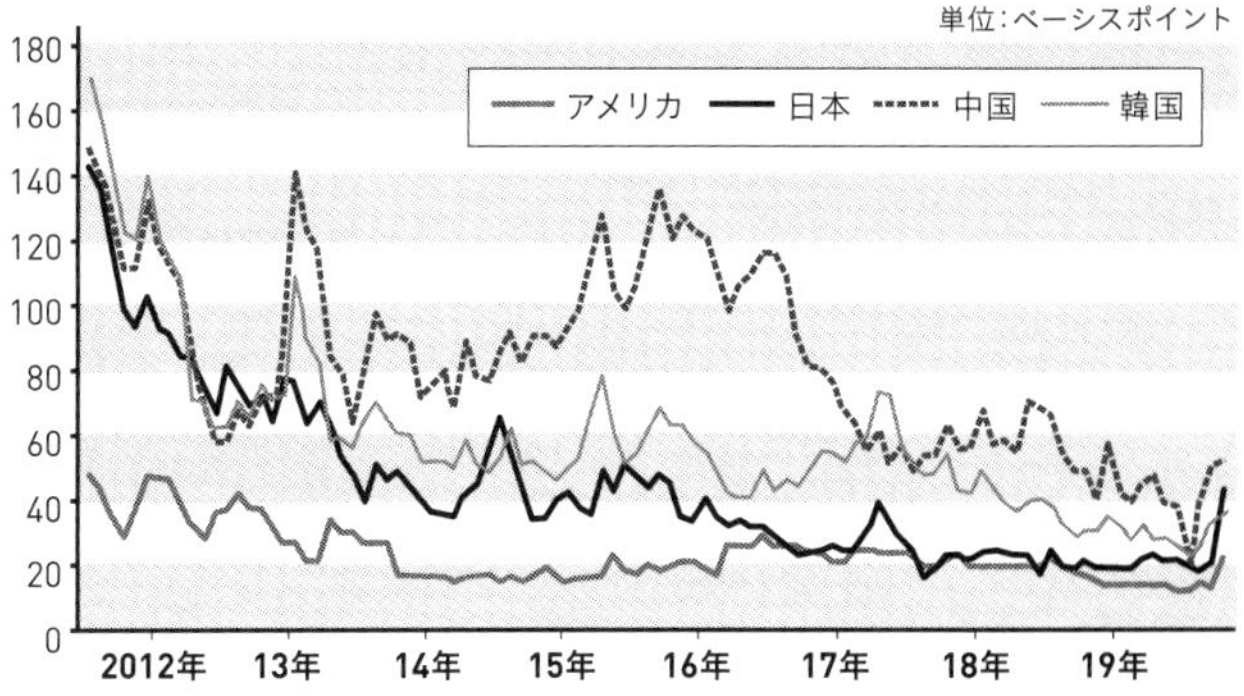

編集部で作成

よく新聞などで「日本国債の格付けがＡＡからＡＡマイナスに下げられた」などと報じられるが、そもそも格付けというのは、スタンダード・アンド・プアーズやムーディーズといった一格付け企業の見方を示したものにすぎない。

その分析力の甘さはいろいろと指摘できるが、ここでは詳述しない。

日本国債の格付けが下がったと聞いて、まるで日本の信用度がみるみる下がっているかのような印象を持ってしまう人が多いかもしれないが、ともかく民間企業の見方に振り回されるいわれはない、とだけ言っておこう。

それよりもＣＤＳである。

クレジット・デフォルト・スワップ（Credit default swap）の頭文字を取ったもので、投資のリスクヘッジができる金融派生商品である。

これはひと言でいうと、債券に〝保険をかける〟ようなものだ。持っている債券に対して一定の契約料を払うことで、万が一、その債券がデフォルトに陥ったときに、利息や元金を受け取れるようになっている。

ということは、デフォルトの危険性が高い債券ほど、CDSのプレミアムも高くなる。死ぬ確率が高いほど保険料が上がるのと同じことである。

ちなみに日本を含めて先進国の国債のCDSは0・1〜0・2%程度。この程度であれば、5年以内に破綻する確率は0・5〜1%程度にすぎない。

ちなみにギリシャは破綻騒ぎのときに100%近い水準だった。実情を如実に反映していることがわかる。

この数字は状況によって変化するが、市場はやはり正直であり、一民間企業の格付けよりもずっと信用できる。

国のバランスシートからも、CDSからもわかるように、日本の財政はいまのところ、何が何でも再建を優先させなければならないほど悪いわけではない。

経済成長を促すことで税収アップを目指し、ゆるやかに財政再建をしていくのが、本当は一番望ましいのである。

無限に国債発行は夢物語、まやかしの「ＭＭＴ」

ここ近年、「ＭＭＴ（現代貨幣理論）」という言葉が新聞やテレビで取り上げられている。これはModern Monetary Theoryの略で、報道によれば、政府が膨大な借金を抱えても問題はないということらしい。米国では、将来の民主党大統領候補と目されるオカシオ・コルテス下院議員が支持を表明したことで、俄然、脚光を浴びた。

もっとも米国の主流経済学者は批判的だ。通常の経済理論は誤解のないように数式モデルで構成されるが、ＭＭＴには雰囲気の記述ばかりでまったく数式モデルがないからだ。だから筆者にも中身がよくわからない。

当初、日本のＭＭＴ論者たちは「いくらでも財政出動して大丈夫」と言っていた。この「いくらでも」というのを、たとえばある論者は「５０００兆円国債を出しても財政は大丈夫」という言い方をしていた。

筆者はそれは違うと思う。５０００兆円も国債を出したらインフレ率がどのくらいになるのか試算してみたら、1000%程度になることがわかった。

いくら何でも狂乱物価になるし、それではまずいから「5000兆円はダメだ」と筆者が主張しても「インフレになるまで借金をするという意味だ」と反論するが、それもおかしい。なぜなら、インフレ目標2%以内という条件のもとなら、借金が5000兆円になるまでに数十年を要する。数字があまりに非現実的すぎるのだ。

要するMMT論者は、インフレ率がどうなるかなんて考えていなかったのだ。

MMT論者には、じつはド文系で計算できない人が多い。だから数字的な話が苦手なのだ。筆者が「インフレ目標の範囲で2%にいかなければ国債を出して日銀が買うのもあり」と主張していると、途中でMMT論者がこちらにすり寄ってきて筆者の主張どおりのことを各方面で話すようになった。

だから、ある自民党の政治家から「MMTって髙橋さんの主張ですよね?」と勘違いされてしまった。いくら何でも、筆者は5000兆円も国債を出してインフレにならないとは口が裂けても言えない。

ただ、いまのところはMMT論者がこちらにすり寄ってきている。そのうちの一人が、自慢そうに「じつは財務省がMMTを認めている」という言い方をしていた。財務省のホームページに「日米など先進国の自国通貨建て国債のデフォルトは考えられない」と書いてあるのが、その根拠だという。たしかにその論者から見れば、５０００兆円の国債を出しても大丈夫という理屈と同じだとこじつけられるのかもしれないが、財務省は具体的な金額までは提示していない。しかも、じつはこの文章は筆者が書いたもの。そう話すと、そのＭＭＴ論者は大変驚いていた。

財務省の文章でポイントなのは「先進国であれば」という部分だ。先進国というのはきちんとした経済政策をする国のことを指す。さらに噛み砕いて説明すると「インフレ目標を守る国」のことだ。だから、筆者が「インフレ目標までなら財政出動しても大丈夫」ということを、２０００年代初めの財務省の文章ですでに書いていたというわけだ。

それなのに、ＭＭＴ論者は「先進国であれば」という部分を省いて「自国通貨建て国債のデフォルトはない」という一部だけを取り上げている。それで筆者と意見が同じだと仲間意識を持っているようだが、筆者は20年ほど前からずっとこのことを言ってきたから、どちらが元祖か。ＭＭＴなんていうのは最近ぽっと出てきたくせに自分たちが革新的のような振る舞いをしている。芸能界でも他人の芸をパクってちょっとアレンジしただけで我が物顔をしている人がいるが、それに近いものがある。

ワルラス法則とミクロ主体予算制約式

P1:財価格, y:財供給, c:財消費, r:債権利回り, P2:債権価格, b:家計保有債権,
bf:企業保有債権, bc:政府保有債権, W:賃金, ls:労働供給, ld:労働需要,
MS:マネー供給, MD:マネー需要, S:通貨発行益　とする。

家計の予算制約式は、

$$W(t)*ls(t)+(1+r(t))*P2(t)*b(t-1)+MD(t-1)+S(t)=P1(t)*c(t)+MD(t)+P2(t)*b(t)$$

企業の予算制約式は、

$$P1(t)*y(t)=r(t)*P2(t)*bf(t-1)+W(t)*ld(t)$$

政府の予算制約式は、

$$MS(t)+MS(t-1)+r(t)*P2(t)*bc(t-1)=S(t)+P2(t)*(bc(t)-bc(t-1))$$

となる。

$$MD(t-1)=MS(t-1),\ bf(t-1)=b(t-1)+bc(t-1)$$

が常に成り立つので、

$$P1(t)*(y(t)-c(t))+P2(t)*(b(t-1)-b(t))+P2(t)*(bc(t-1)-bc(t))+W(t)*(ls(t)-ld(t))=MD(t)-MS(t)$$

となる。

筆者が作成

MMTに数式モデルがないというのは、一般の人にはあまり関係ないかもしれないが、専門家の間では大きな問題となる。たとえば、相対性理論を数式なしに雰囲気で説明することはできるが、数式なしでは正確なGPS(全地球測位システム)は築けないからだ。

日本では、筆者を含めた経済学者らは「リフレ派」と呼ばれている。筆者はこれまで「統合政府では財政再建の必要性はない」とか「インフレ目標までは財政問題を気にする必要はない」などと主張してきた。リフレ派はいまから二十数年前に萌芽があった。筆者らは、世界の経済学者であれば誰でも理解可能なように数式モデルを用意してきた。

その数式モデルは、①ワルラス式、②統合

政府、③インフレ目標、で構成されている。これらのモデル式から、金融政策と財政政策を発動するとインフレ率がどう変化するのかが、ある程度は定量的にわかるようになっている。

リフレ派は必ず数式モデルで説明するから、米国の主流経済学者からも批判されていない。しかし日本では、なぜかリフレ派の主張がしばしばＭＭＴの主張と混同される。先述したように、ＭＭＴ論者が都合のいい部分だけ取り上げているからだ。

もっとも財務省にとって、日本でＭＭＴとリフレが混同されるのは好都合だ。ＭＭＴは米国の主流経済学者が否定し、しかも定量的な議論に弱いから、財務省にとってはツッコみどころ満載だからだ。

リフレとＭＭＴの違いについて興味のある方は、髙橋洋一、田中秀臣著『日本経済再起動』（かや書房）をお読みいただきたい。

人口減少を巡る俗論の数々

過去に、ある人物がデフレの意味を取り違えた著作を世に出したばかりに、とんでもない誤解に基づく俗論がはびこってしまった。ひと言でいうと「デフレの原因は現役世代の人口減少」という俗論である。

その著者によると、現役世代人口が減ると消費が冷え込み、そのために物価が下がる。だからデフレは現役人口の減少によって起こるという。しかし、この作者は「物価」の意味を混同し、したがってデフレの意味も正確に理解していない。

第1章でも解説したが、経済学で「物価」といえば、普通は「一般物価」のことである。なぜ「一般」がつくかというと、消費されるもの（消費財という）を大きく2つに区別して考えているからだ。「耐久消費財」と「非耐久消費財」である。平たくいえば、読んで字のごとく、車や家、家電など長く使うものは耐久消費財、サービスや食品などその場限りで消費してしまうものは非耐久消費財だ。これらを合わせた物価が「一般物価」ということになる。

ここで先の疑問の答えをいうと、「デフレとは一般物価水準の持続的下落」というのが正確な定義だ。耐久消費財、非耐久消費財を合わせた全品目の平均的な値段が継続して下落傾向となった状態がデフレなのである。

これらの厳密な定義を踏まえて先の論を正確に言い直せば、「現役世代人口が減ること

耐久消費財価格と物価の格差
非耐久消費財と物価の乖離の推移

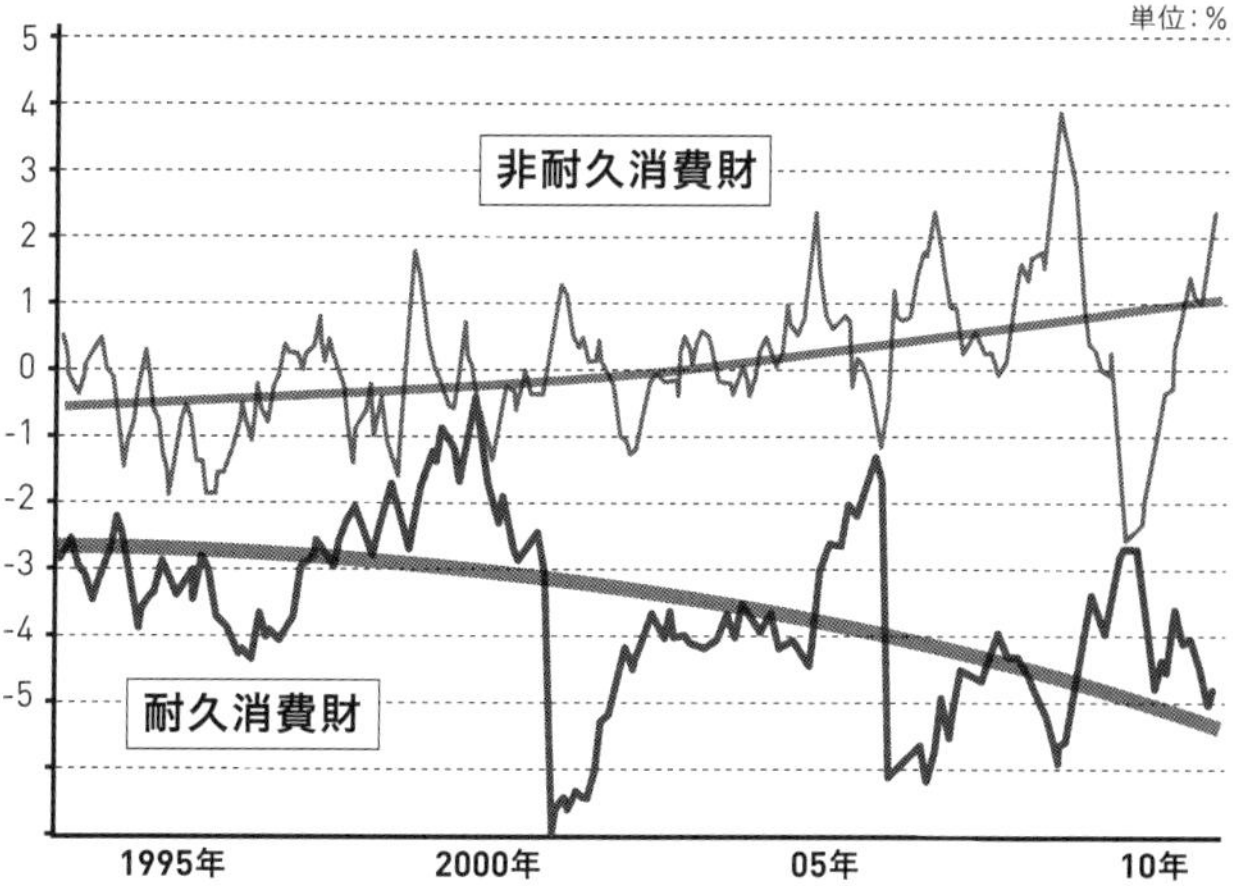

筆者が作成

で耐久消費財の価格は下がる」となる。この「耐久消費財」を「物価」といってしまっているところが問題なのだ。

じつは現役世代が減ると、非耐久消費財の価格はむしろ上がるのである。

つまり現役世代の人口が減ると、耐久消費財の消費が減って値段が下がる一方、高齢世代が相対的に増えることで、非耐久消費財の消費は増えて値段が上がるのだ。

これは理論的にもそういえるし、データでもわかることだ。

たしかに車や家は若いうちに買うが、年をとると車の代わりに電車を利用するようになったり、福祉サービスを利

世界の人口増減率とインフレ率の関係（2000〜2008年）

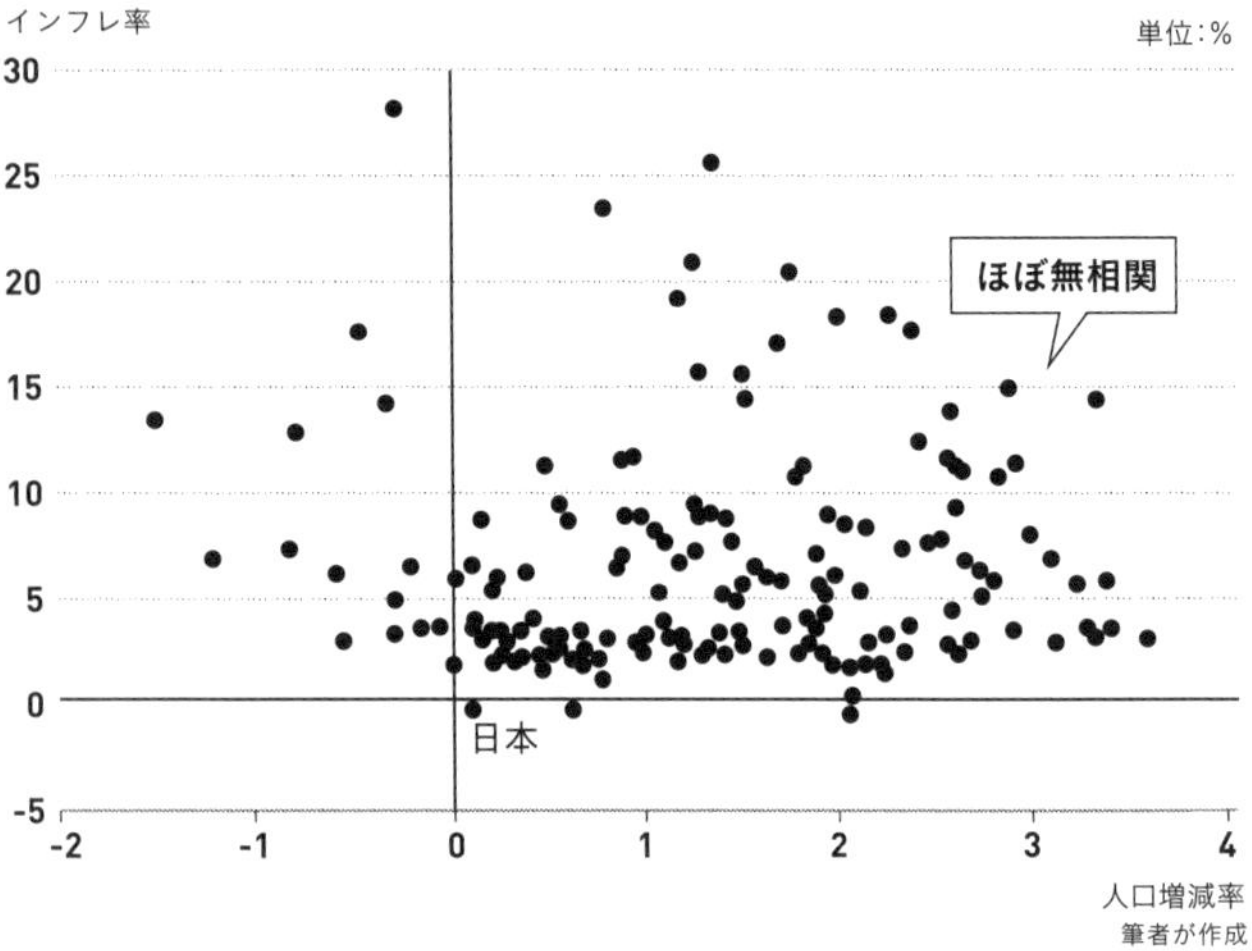

筆者が作成

用するようになったりすることを想像してみれば、実感としても納得できるのではないか。

したがって、現役世代が減っても「一般物価水準の持続的下落」は起こらない。「デフレの原因は現役世代人口の減少」というのは、物価およびデフレを的確に定義しなかったことによる大間違いの俗論なのだ。

しかし、おそらくその著作を読んだ人の大半が「なるほど！」と思ったに違いない。このように、聞いたことがある、何となく知っている言葉ほど要注意だ。

「ふんわりした理解」が大きな誤解に

自治体の合併の歴史

年　月	自治体数			
	計	市	町	村
1888年（明治21年）	71,314	―	71,314	
1889年（明治22年）	15,859	39	15,820	
1922年（大正11年）	12,315	91	1,242	10,982
1945年（昭和20年10月）	10,520	205	1,797	8,518
1947年（昭和22年8月）	10,505	210	1,784	8,511
1953年（昭和28年10月）	9,868	286	1,966	7,616
1956年（昭和31年4月）	4,668	495	1,870	2,303
1956年（昭和31年9月）	3,975	498	1,903	1,574
1961年（昭和36年6月）	3,472	556	1,935	981
1962年（昭和37年10月）	3,453	558	1,982	913
1965年（昭和40年4月）	3,392	560	2,005	827
1975年（昭和50年4月）	3,257	643	1,974	640
1985年（昭和60年4月）	3,253	651	2,001	601
1995年（平成7年4月）	3,234	663	1,994	577
1999年（平成11年4月）	3,229	671	1,990	568
2002年（平成14年4月）	3,218	675	1,981	562
2004年（平成16年5月）	3,100	695	1,872	533
2005年（平成17年4月）	2,395	739	1,317	339
2006年（平成18年3月）	1,821	777	846	198
2010年（平成22年4月）	1,727	786	757	184
2014年（平成26年4月）	1,718	790	745	183

総務省「市町村数の変遷と明治・昭和の大合併の特徴」より作成

つながる典型例といえるだろう。

　ダメ押しとして、世界を見渡してみても、現役世代人口が減っている国はたくさんあるが、デフレになっているのは日本だけである。国際比較によっても、この論は間違っているとわかる。

　そもそも人口減少で困るのは誰か。その正体を探れば、人口減少危機論を広めている黒幕がわかる。

　地方は過疎化で大変だといっても、出ていった人たちの行き先は都会や中核都市になるから、人口問題は過疎地域の自治体だけの問題になる。本来なら、その自治体を合併したり閉鎖したりすればいいだけなのだが、それをしたがらないのは過疎化する恐れのある自治体の人間だ。なぜなら、彼らは自治体がなくなれば食い扶持がなくなるからだ。

　これから先、全国的に高齢化率はそこまで上がらない。むしろ飽和曲線で鈍化してくるから、高齢化はあまり進展しない。だから最近は「高齢化」に取って代わって「少子化」という言葉が用いられてきた。少子化もゼロには近づくが、どこかで底打ちして国が滅びない限り決してゼロにはならない。

　とはいえ、高齢化よりも少子化のほうがインパクトはあるから、最近は高齢化といわな

高齢化の推移と将来推計

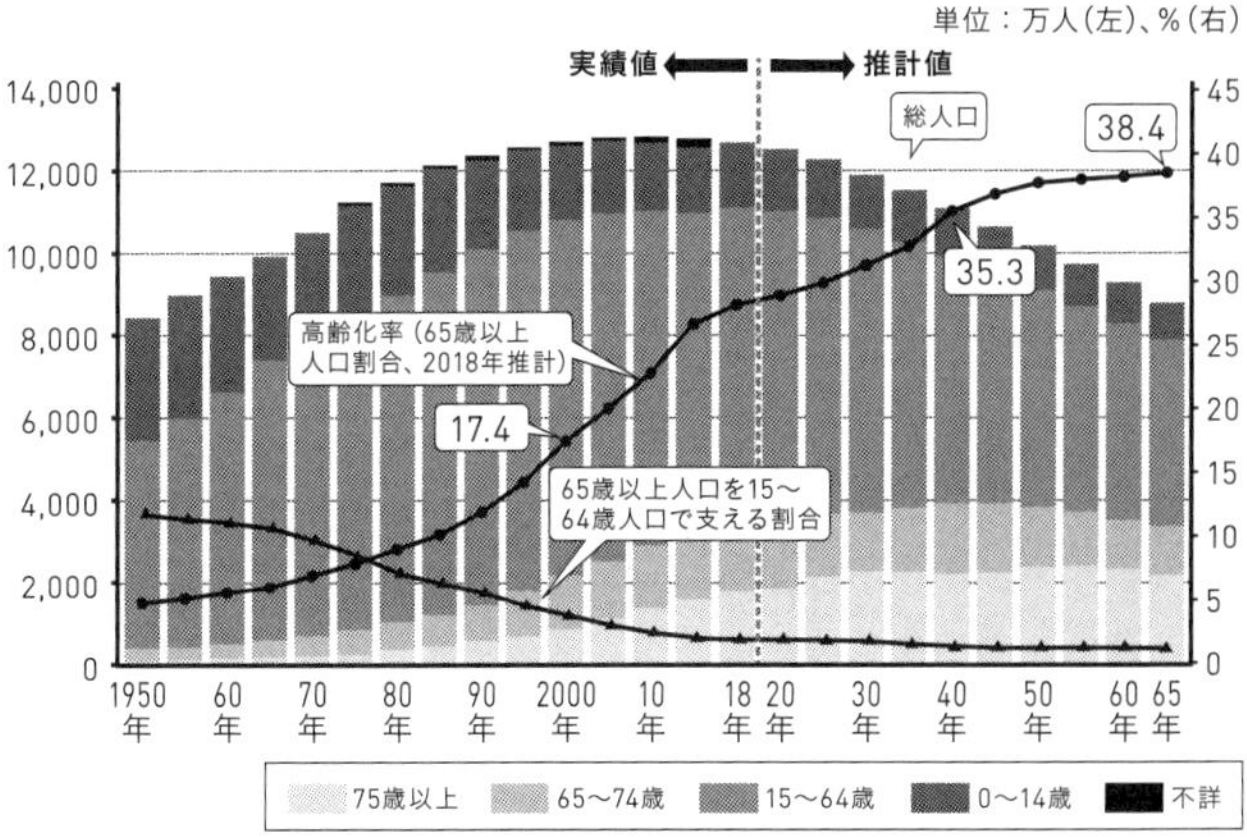

厚生労働省「高齢社会白書2019年版」より作成

飽和曲線のイメージ

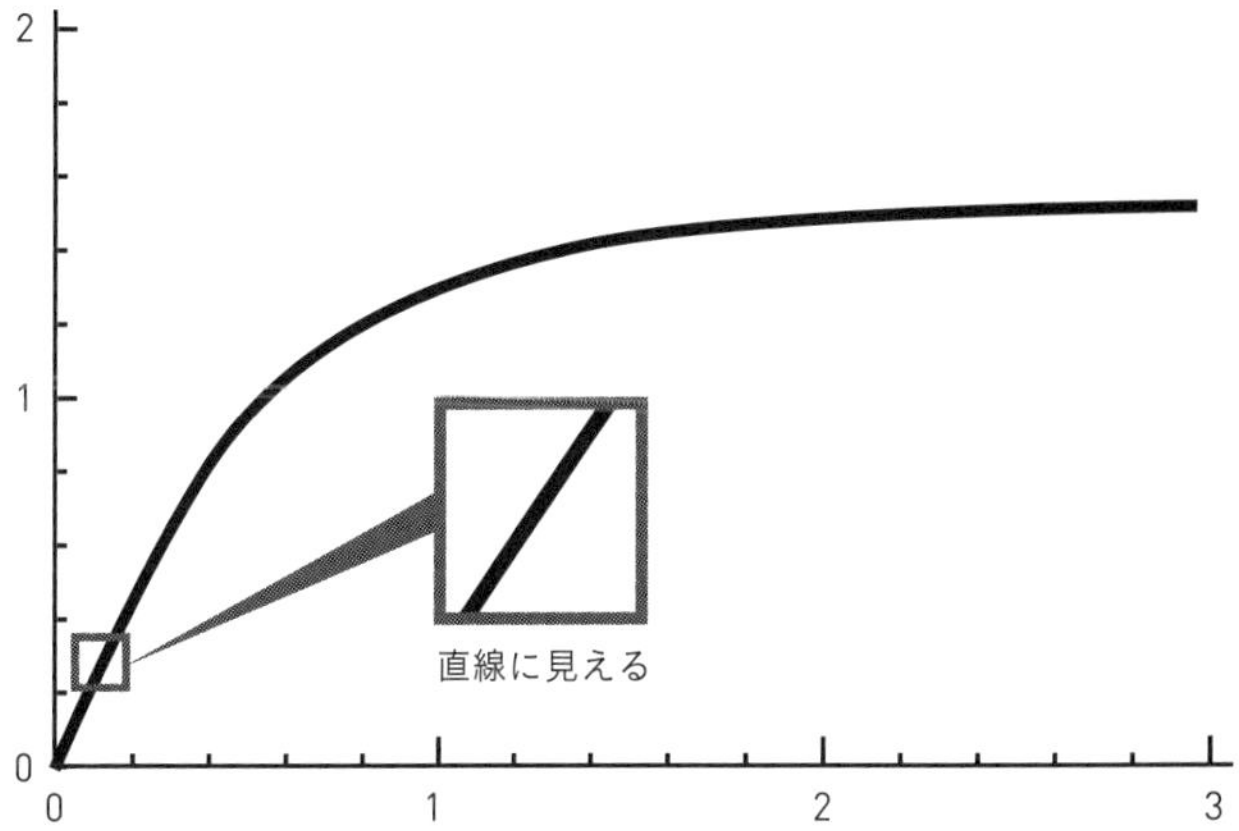

編集部で作成

くなってきた。じつは内閣府の『高齢社会白書』という資料を見れば、高齢化率には上限があり、平均年齢＋αで見ればある一定のところで収まることがわかる。これは人口構成の話で、ある割合以上にはいかないというのが統計学的には普通だ。

ただし、こういうデータも年代のどこを切り取るかによる。たとえば、２０００年から40年くらいで切ればまだまだ上がるイメージになるだろう。こういうのを「直線本能」という。だが２０６５年まで見れば頭打ちになるというのがすぐにわかる。物事は直線的に進むのではなく、どこかで必ずフィードバックが働くと考えなければならない。

その意味で、『高齢社会白書』はかなり先まで予測していて好例だ。

貿易収支と経済成長率は関係ない

果たして貿易赤字になれば景気は悪化するのか。この問いに「悪化する」と答えるようではダメだ。そう考える人のロジックがどうなっているのかを検証してみよう。

貿易赤字とは、輸出よりも輸入が大きな状態を指す。だから輸入が大きければ当然、貿易赤字になる。日本の商社は輸入ばかりしているから、貿易収支の赤字要因だといえる。

経常収支対GDP比と実質GDP成長率の関係

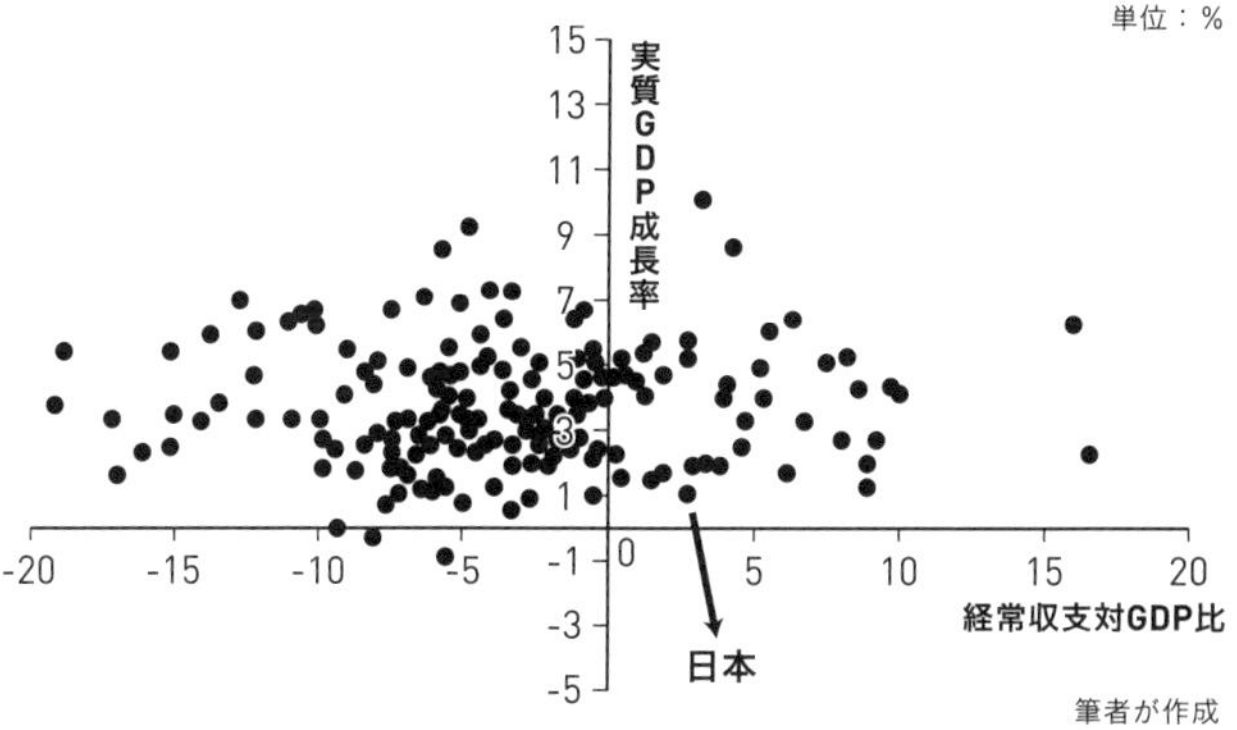

筆者が作成

こう考えると、どうやらこのロジックは赤字＝悪、または輸出＝善・輸入＝悪という印象論で語られており、おかしいということに気づくはずだ。

では商社マンは日本経済にとって悪なのか。そう考えると、世界のうち半分は貿易赤字だから、世界の半分が悪者になる。言い換えれば、半分は賢い国で、半分はバカな国だということになる。

しかし、実際はそうではない。こうやって既知の情報と新しい情報を組み合わせて結論を出す「演繹法」を用いて矛盾や不都合が出てくれば、そのロジックは間違っていると思考してみよう。

この問いの答えをより正確に導き出すには、

貿易収支と経済成長率に相関関係があるかどうかを検証すればいい。

ある命題では事象の相関性が証明できれば、命題の真偽が判定できる。証明の過程で反証もできるかもしれない。これは数学では常識で、皆さんも授業で習っているはずだ。

こういうケースでは国際比較をしてみればいい。もし、さまざまな国で貿易収支と経済成長率に関係性があるなら、横軸にGDPに対する貿易収支の比率（％）、縦軸に経済成長率（％）をおいたグラフで証明できるはずだ。

ここで使うデータは、たとえば2019年の1年分だけでも構わない。200カ国分くらいのデータを点で落とし込み、そこに相関性があれば点が右上に向かって分布すると仮定できる。逆に相関性がなければ、点がばらばらに散在する。

結論をいえば、貿易収支の比率と経済成長率の点は散在する。だから相関性はまったくない。貿易収支が赤字でも黒字でも、少なくとも経済成長率とは何ら関係ないのだ。

統計学的にいうと「無相関」は、エクセルで相関係数を計算すれば一発でわかる。国ごとにGDP、貿易収支、経済成長率といった基礎データはすぐにとれるから、それを200カ国分、エクセルで相関係数を出して図に落とし込めばいいだけだ。

これが自分でできる人は、基礎データは誰が調べても同じだから、別に他人に答えを聞かなくても命題の真偽を自ら証明できる。

もっと細かくいえば、１年分だけでは相関性の有無を仮定できても証明が完璧とはいえない。だから数年分のデータの平均値をとるのが通例だ。そうしてみても、やはり貿易収支と経済成長率は無相関になる。

つまり、貿易収支と経済成長率の相関性を前提とした記事はすべてでたらめだという証明にもなる。これは筆者だけの主張ではなく、基礎データが同じなら誰がどう計算しても同じ結論に至る。

世界から見れば日本の経済格差は微小

「小泉構造改革で格差が広がった」という批判をよく聞く。

じつはこの改革で実行したのは、道路公団の民営化と郵政民営化の２つしかない。どちらにも筆者は関わっていたが、小泉構造改革といえばその２つしかしていない。

格差の原因とされる派遣については、１９９０年代から徐々に話題になっていた。派遣なんて世界どこにでもある。もっと言えば、その数は日本よりも多い。そういう世界の常

OECD主要国のジニ係数の推移

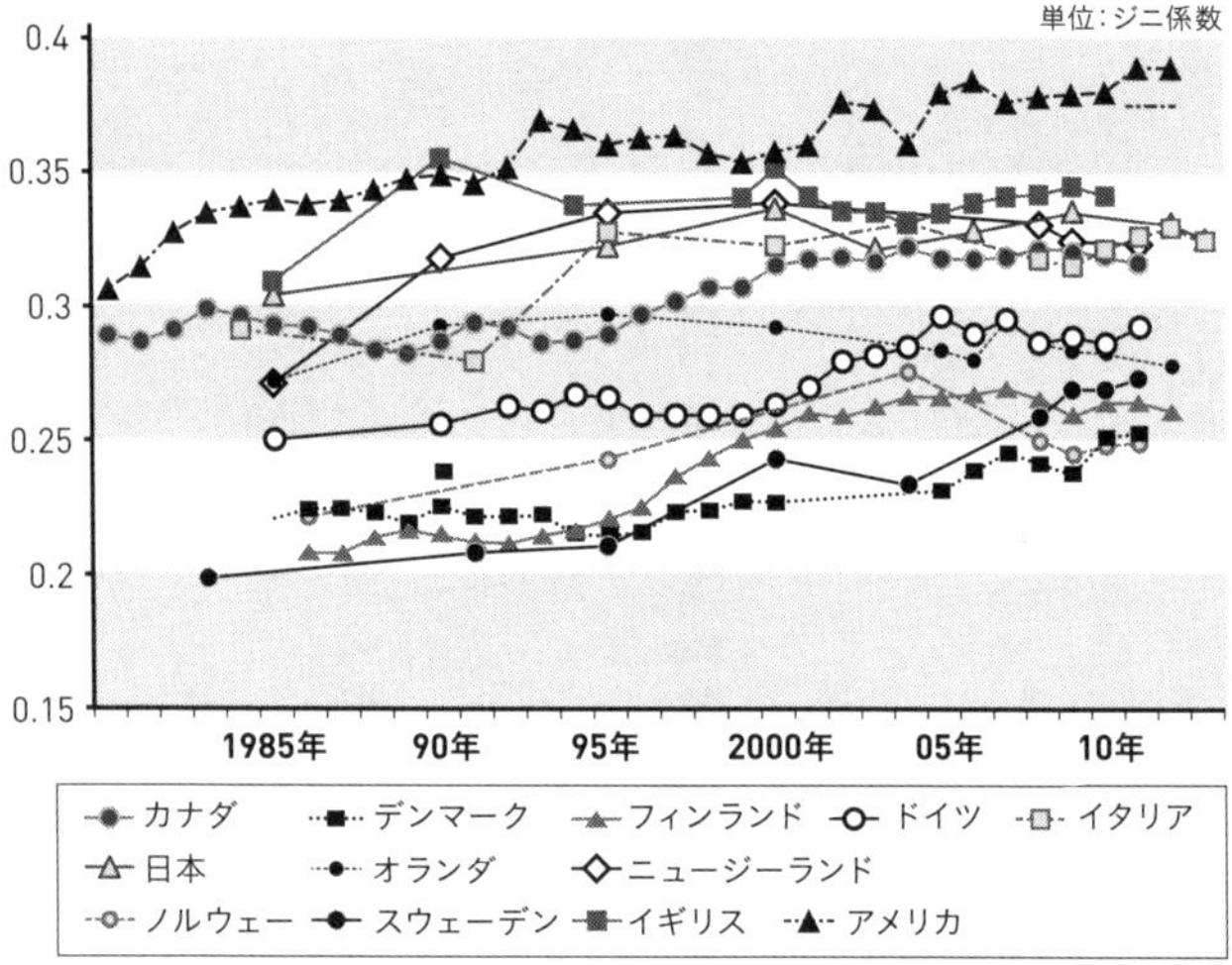

厚生労働省資料より作成

識を抜きにして、日本は特殊で派遣が多いと批判するが、派遣の量から考えたら世界でも日本は平均より少し下だろう。

社会における所得の不平等さを測る指標である「ジニ係数」を見ても、じつは小泉構造改革以降も格差はそこまで広がっていない。

一般的にいえば、格差というのは高齢化が進めば広がる。大学を出たときには同級生同士で、初任給の差はそこまでない。しかし、歳を取れば出世したら起業をする人も出てきてどんどん格差が広がっていく。だから年齢を重ねるほど、平均的な年齢が高くなるほど同世代間での格差は開いていくのだ。

学校を卒業してすぐは同窓会も多いが、筆者くらいの年齢になると同窓会をしなくなる。なぜなら格差がすごく開いているからだ。残念ながらこれは事実だから仕方ない。

格差は日本の場合、世界的に見れば平均的なポジションだ。小金持ちは多いが、とんでもないお金持ちはいない。だから格差の大小は何と比較するかによる。たとえば中国と比較すれば、日本の格差は少ない。中国の共産党幹部なんかは本当にすごくて、子弟が海外で悠々自適に生活できてしまうレベルだ。日本の経済環境でそれができる人は滅多にいない。

日本のお金持ちといえば、たとえばZOZOTOWN創業者の前澤友作氏が有名だが、せいぜい1000億円単位。これが海外での創業者なら1兆円、10兆円単位になるからまったくレベルが違うのだ。

富裕層が税金対策で使っているタックスヘイブンというエリアがある。ケイマン諸島などがそれで、一時期は「パナマ文書」で話題になった。そのリストが報道機関の手によって公開されたが、そこには日本人の名は悲しいほど出てこなかった。要するに海外の超富裕層に匹敵するお金持ちが日本には少ないのだ。

そもそも派遣が拡大したのは、世界どこでも派遣が多くなっていたからで、就業形態の多様化で認められていった。終身雇用なんて世界のどこにもない。派遣は世界では当たり前だから、日本もある程度歩調を合わせないと困るというだけの話だ。

これは別に小泉構造改革で急に増えたわけではなく、1990年代から徐々に増えていたし、世界の趨勢もそうだから、それに合わせて少しずつ変えていった。

それでも批判の声が上がるのは、小泉氏のブレーンだった竹中平蔵氏がパソナに行ったからだろう。パソナに行けば悪者にされるだろうなと筆者も思いはしたが、別に竹中氏がパソナで具体的に何か仕事をしているわけではない。政治家と学者に経営は無理だ。逆にいえば、竹中氏が悪者扱いを引き受けて小泉氏が何も言われないという、弾よけの役割をあえて引き受けた気がする。

定額給付金とは違い、制度設計が難しい「ベーシックインカム」

ベーシックインカムは、話す人によって定義が微妙に違う。ざっくりいえば、誰でも一定のお金が毎月もらえるというものだ。

ベーシックインカムの仕組み

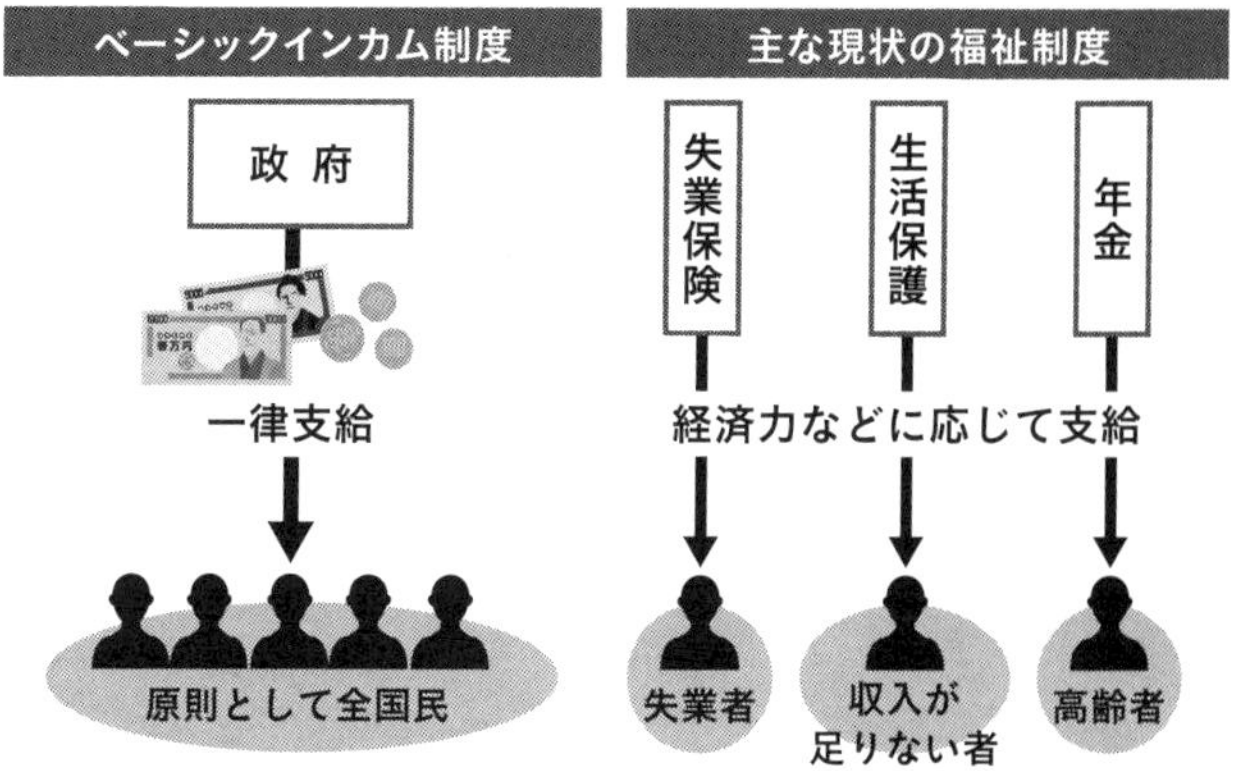

編集部で作成

我々はすでに年金や医療といった公的サービスを受けている。生活困窮者には生活保護というシステムもある。そういうものを人によって区別するのではなく、一律にして一定の金額をもらえるかたちにしたほうが行政的に楽ではないか。そうした行政の効率化という観点から導入を主張する人がいる。

一方で、すでに誰でも最低限の保障があって、所得のない人でも一定のお金をもらえている。だから、それをわざわざ申請しなくても先にお金を配るようにすればいいのではないか、という権利と義務の話として持ち出す人もいる。

じつは、ベーシックインカムの制度設計は難しい。だから世界で導入している国はない。

理由は簡単で、年金や医療はもともと保険だからだ。全体の金額は大きいけれど、病気した人や長生きした人など対象を絞って払う。これが保険の原理だ。これをみんな平等に配ってしまうとどうなるか。保険料と、もらえる分配金が同じになってしまう。ベーシックインカムを主張する人は、このへんの理屈がわかっていない。

だから社会保障の予算が何十兆円もあるなら、それをみんな平等に配ればいいというのだが、平等に配ってしまったら本当に必要な人もまったく要らない人も平等になってしまう。つまり、払っている保険料ともらう金額が一緒になって意味がなくなるのだ。

言い換えれば、すべての人に最低保障するなら、その他に社会保険料を取ったりする制度ができないから、社会保険料に使うお金を分配すればいいという話になる。

そうなると、年金をもらう人の支給額はそこまで減らないだろうが、おそらく失業保険、生活保護の支給額は100分の1くらいになる。98％の人がもらうから、失業者や生活保護受給者といった2％の人が少なくなってしまうのは当たり前だ。逆に言えば、お金持ちで仕事をしている人でも小銭が欲しいのか、ということになるから、ベーシックインカムはムダにしかならない。

定額給付金を毎月配るためには社会保障の予算を給付金に回すことになる。これを社会保障とは別に定額給付金を毎年ずっと配り続けるなんていうことはできない。仮に一人当たり毎月10万円を払うとすれば、1年で１２０万円になり、それを1億人に払ったら１２０兆円になる。そんな財源はどこからも調達できないからだ。

仮にその分、ずっと国債を出して日銀が引き受け続けたら結構なインフレ率になってしまう。インフレにならないという前提に立たないと、ベーシックインカムなんてできない。いまみたいにインフレ目標に達していない時期なら、お金を刷れば一時的にはできるが、いずれものすごいインフレ率になる。

「新型コロナウイルスの際に定額給付金を実現したからベーシックインカムもできる」など言う人もいるが、そういう人は1年単位でしか物事を考えていない。

竹中平蔵氏が最近、ベーシックインカムの導入を主張して話題になったが、少し誤解を招いてしまったようだ。筆者が竹中氏にそんな話をしたら、「そういうことも含めて検討する。自分は問題提起をしただけ」と言っていた。

導入できうる制度というものは、だいたいどこかの国に前例がある。逆にいえば、どの国にも例がないものは実行が難しい。ベーシックインカムの難しさは百数十兆円という財源にあって、そこに社会保障の財源を持ってきたら社会保障の原理とは矛盾してしまう点にある。財源として新たに国債を発行するとものすごいインフレになるから、世界中でベーシックインカムを恒久的な制度として導入している国がないわけだ。

何かを生み出せという人は、理屈がわからなければ口で何とでも言えるが、理屈がわかる人からみればこれらの制約があるからベーシックインカムはできないという答えになる。「導入せよ」というのは「1＋1を4にせよ」というのに近くて、そんなことは筆者にもできない。

定額給付金だけなら、あと1回か2回はできる。ただ、前回と同じ方法だとスピードが遅い。普通の人は我慢できないだろう。やるならもう少しスピーディーにやってくれと言いたくなる。

持続化給付金が早くて定額給付金が遅かった背景には、事務を地方にさせるか国がするかの違いにある。定額給付金の場合は、地方からすべての住民に申請書を出して返送してもらうという手間が生じたし、個人には関係ない持続化給付金とは数が圧倒的に違うというのもあった。

前回は地方から申請書を出して郵送で返すというものだったが、これでは時間がかかるのは目に見えている。一番早いのは政府小切手を配ることだ。政府小切手とは、選挙人名簿に名前がある人にお金を払うという小切手のこと。だから他人がその小切手を受け取ったとしても、銀行に持っていっても「あなたは違う」といわれる。

そのほうが早いのはたしかだが、この仕組みだと未成年には配れないから親がその分までもらうことになる。未成年者の把握は住民票データがあればできるが、法律的にはすこし難しい。だからマイナンバーを活用すればいいのだが、いまは用途が限定的だ。マイナンバーに反対している人がいるからこんな中途半端な制度になってしまった。

仮に定額給付金を再度するのなら、本来は政府小切手が早いのだが、役人は慎重だから前回と同じ方法を取ることになるだろう。

第3章　官僚が扇動する財政破綻論

国がすべきは成長のための環境づくり

安倍政権のとき、「規制改革会議」というものが復活した。

これは規制緩和の司令塔ともいえるものだが、民主党政権時代に廃止されていた。民主党がどういう意図で廃止したのかはわからないが、それまでの規制緩和に関する審議会などに、問題があったことも事実だ。

それは、国際比較をしないという落ち度があったことである。

ある政策を論じる際に、海外の例を参考にすることは鉄則である。私も役所に入った当初から、さんざん国際比較の習慣化を叩き込まれた。

だから当然、規制緩和を決める際にも国際比較をしてはどうか、ということが大きな判断材料となるがそれが義務づけられていなかったのだ。

しかし、その後に復活した規制改革会議で、初めて「国際先端テスト」という国際比較の検証が取り入れられたのである。

国がすべきは伸びる可能性のある業界が自由に成長できる、そのための環境づくりをすることにほかならない。

国際比較を的確に行う体制が整ったところで、ふさわしい規制緩和を行う際にポイントになるのが、特区の活用だ。どんなことでも、いきなり規制緩和をするとなると、おそらく既得権益者の反発も大きいだろう。

その前に一定期間、どこか特定の地域で試してみるのである。そこで見るべき成果が得られれば、全国的に導入していけばいい。

「財政再建のための増税」は必要ない

あえて増減税の適切なタイミングをいうならば、当然、冷え込んでいるときは減税、過熱したら増税に決まっている。

とくに消費税は、ダイレクトに国民に負担を強いる。

増税して財政支出をするというが、要するに国民から巻き上げたお金を、また国民にばらまくだけのことだ。

したがって、経済が冷え込んでいるときの増税は、マイナス成長か不毛に終わるかのふたつにひとつしかないのだ。

そもそも、私は経済政策論としては一貫して増税に反対である。というより、景気対策に税を使うということ自体、理に適っていないのである。

税制の変更は、民間に大変な労力をかける。値段の書き換えやシステムの変更など、社会的コストが高くつくのだ。

日銀による金融政策なら、こうした社会的コストはかからないし、ごく自然な連鎖反応によって、目指した方向に経済が動いていってくれる。

経済が冷え込んだら金融緩和、過熱しすぎたら金融緊縮、これですむ。

本来、こういう金融政策こそが、景気対策の担い手であるべきなのだ。

よく「財政再建のための増税」などといわれるが、これも金融緩和で十分である。適切な金融政策によって経済全体を上向きにすれば税の増収にもつながるため、そもそも増税などは必要ないのだ。

経済成長によって税の増収を実現するというのは、世界的にも一般的な方法である。実際に小泉政権の時代にも、十分ではなかったものの、一定の経済成長によってプライマリーバランスはかなり改善し、実質的に財政再建が達成できた。

企業の業績が上がり、個人の収入が増えれば、当然、納税額も増える。所得税には所得再分配機能があるので、全体の所得税の税収が上がれば、さんざんいわれている個人間の経済格差も軽減される。

増税で国民に負担を強いるか、企業や人の懐具合を温めるか、同じ税の増収でもどちらがいいだろうか、という話だ。

消費税は社会保障に適さない

私が増税に反対するのには、もちろん理由がある。

これからひとつずつ「増税のウソ」を説明していこう。

まず、よく聞かれるのが「税と社会保障の一体改革」のため、というものだ。

つまり消費税を社会保障の財源にしましょう、ということである。「なるほど、そういうことなら仕方がない」と、これまた知識不足の人は思ってしまうかもしれないが、じつはこの時点ですでにおかしいのである。

ほとんどの先進国では、社会保険は「保険方式」になっている。これは社会保障を国民の保険料でまかなう——国民全体でプールした社会保険を、必要な人に使う、という方式だ。つまりは相互扶助、支え合いである。

人間、いつ病気やけがに見舞われるかわからない。そのときに十分な医療を受けられるように社会保険料を払う。

運よく病気やけがにならなければ、自分が払ったぶんは、運悪く病気やけがになった人のために使われる。自分が運悪く病気やけがになったら、人が払ったぶんを分けてもらう。所得が低くて社会保険料が払えない人のぶんは、所得が高い人の所得税からまかなわれる。

このように、助け合いの精神による所得の再分配によって成り立っているのが、社会保障制度なのだ。財源は社会保険料と所得税であり、そこに消費税が入り込む余地はない。

社会保障が相互扶助的だというのは、社会常識のレベルであり、新しく知ったことではないはずだ。

それなのに、なぜ「消費税を社会保障の財源とする」といわれると納得してしまうのか理解に苦しむ。

消費税は、裕福な人にも困窮している人にも、一様に負担を強いるという性格を持つ。したがって、所得の再分配によってまかなわれる社会保障制度は、最も適さない税であり、増税の理由としてはおかしいのだ。

財務官僚は財政再建のことなど考えていない

２０１３年5月28日、アベノミクスの〝第4の矢〟が放たれたことを覚えているだろうか。経済財政諮問会議が決めた「財政健全化」がそれだ。

第1の矢である金融政策さえうまくいけば、自動的に財政再建はできるというのに、なんともムダな矢を放ったものだと呆れてしまった。

この決定の裏には、財務省がいた。

財政再建を達成する代表的な方法は、経済成長、増税、歳出カットの３つだが、裏で糸を引く財務省はどう考えていたのだろうか。

歳出カットとは、各省庁が使うお金を減らすということだ。

簡単そうに見えて、ひと筋縄にはいかない。財務官僚には「無謬《むびゅう》の神話」がある。無謬とは、決して間違っていないという意味。つまり、過去の予算査定において財務省には決して間違いがないことになっている。だから彼らは歳出にムダがあるとは断じて認めず、そのために歳出カットができないのである。

　では経済成長はどうかというと、財務官僚にとっては論外だ。経済成長をすれば徐々に税の増収になることは、もちろん彼らにもわかっている。しかし、それで財政再建されてしまったら、自分たちの権益は広がらないままである。

　ここで彼らの馬脚が現れたことに気づいただろうか。

　要するに、財務官僚は、じつのところ、財政再建のことなど考えていないのだ。歳出権という自分たちの権益を広げるために、増税を説いているだけなのである。

　だからそれを覆してしまう「経済成長による段階的な税の増収」などもってのほかとなり、増税路線まっしぐらになるのだ。

　増税なら、責任は政治家にとらせることができるし、カウントされる税額が増えるぶん、歳出権が拡大する。

　実際、２０１４年度の各省庁の概算要求では上限（キャップ）がないという前代未聞の事態となった。消費増税が決まる前だったが、それを見込んでいたことは明らかである。増税は、自動的に各省庁の歳出増を招くのだ。

　しかし、消費増税は経済には明らかにマイナスの影響を及ぼす。

消費支出（前年同月比）の推移

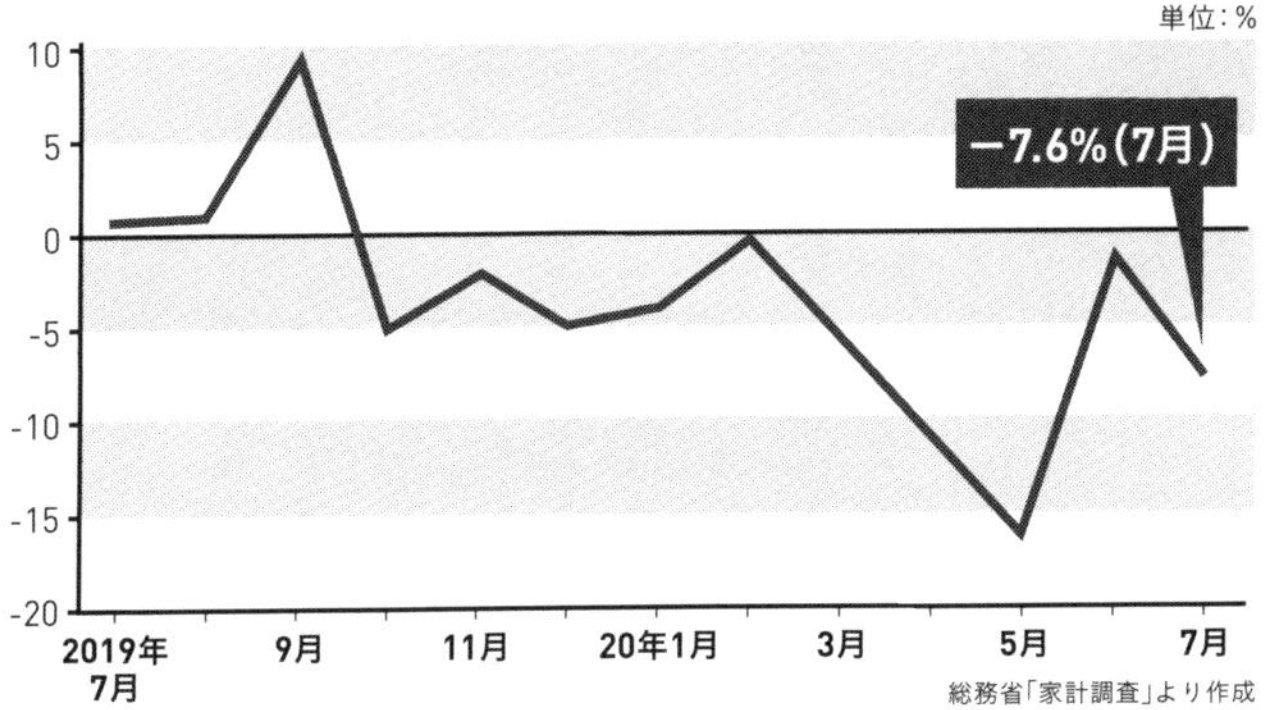

総務省「家計調査」より作成

消費税導入時期と実質GDPの成長率

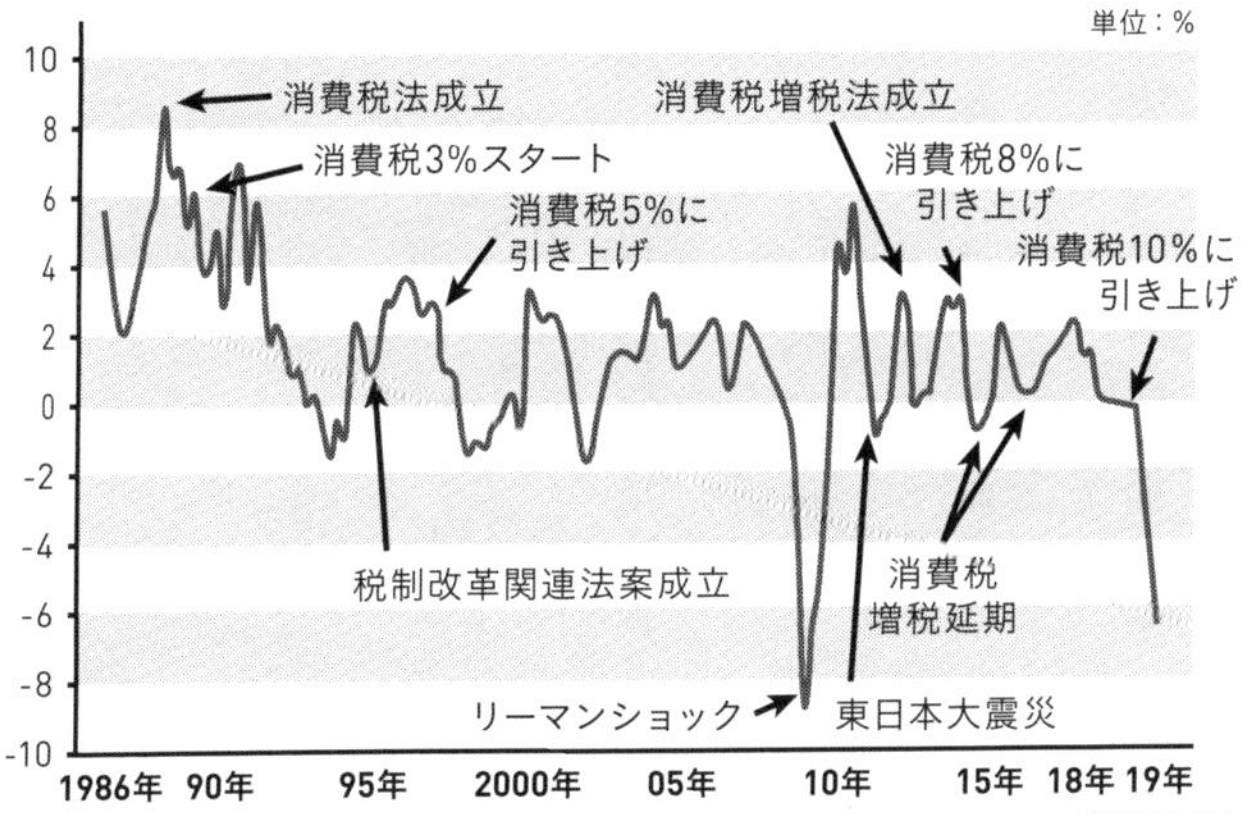

編集部で作成

事実、3%の消費増税で、経済成長率は1%程度低下することがわかっているのだ。したがって、消費税が増収になっても法人税と所得税が落ち込むため、全体の税収の増減は変わらない。むしろ統計的には、減ることが多いのである。

ここで問題なのは、実際の税収が増えようが減ろうが、財務省の歳出権拡大には変わりないということだ。なぜなら、減ったとしても、彼らにしてみれば足りないぶんの国債発行額が増えるだけだからである。

以上の話を総合すると、こうなる。

消費増税すると、経済成長が抑えられて法人税や所得税の税収が減るにもかかわらず歳出増になり、財政再建は遠のく。

反対に、消費増税しなければ、歳出が抑えられると同時に経済成長するので、結果として税収が増え、財政再建は達成される。

海外の例をとっても、2011年に財政再建のために消費(付加価値)増税したイギリスでは、景気低迷が続いた。

これだけ見れば、「消費増税=財政再建」に正当な根拠はなく、財務省のエゴで塗り固められた大義名分だということがわかるはずだ。

そもそも消費税は「地方税」であるべきだ

ここまで消費増税の無意味さと理不尽さについて書いてきたが、時には消費増税により補うべきこともある。

消費税は、所得税や法人税に比べて景気に左右されない税金だ。だから景気に関係なく、恒常的に必要なものには役立つ税といえる。

たとえば地方自治体の公共サービスなどはその典型である。

ゴミ収集から教育、福祉に至るまで、実際、地方自治体には景気に関係なくつねに必要なものが多い。それに要する費用が足りないという場合に、消費税を上げて住民全体で自分たちの暮らしを支えるというのはありうるだろう。

いまの話でわかると思うが、消費税は本来、「地方税」であるべきなのだ。

諸外国を見ても、たとえばカナダでは、州ごとに異なる消費税率で徴収するものがあったりと、さまざまだ。

ヨーロッパは国が徴収している場合が多いが、ユーロ圏全体で考えれば国という「地

中央・都道府県・市町村の行政の枠割

行政種別		仕事内容
中央		外交、国防、マクロ経済政策など。地方自治法（法第1条の2第2項）によれば、国が重点的に担うべき役割は、国際社会における国家としての存立にかかわる事務、全国的に統一して定めることが望ましい事務などとされている
地方	都道府県	インフラ整備、教育・保育施設の認可など。地方自治法（法第2条第5項）では、市町村単位よりも広域にわたるもの、市町村に関する連絡調整に関するものなどと定められている
	市町村	ゴミ収集、教育・保育施設の設置運営など。地方自治法（法第2条第3項）によれば、地方公共団体の事務のうち都道府県が処理するものを除く事務、あるいは都道府県を補完する事務などとされている

愛知県庁「国・県・市町村の役割分担の現状」より作成

方」がおのおの徴収している。つまりこれも、地方税のようなものと考えたほうが実情に合う。

ところが日本では、国の税金を地方に〝分けてあげる〟という制度になっている。まず財務省が全国各地から消費税を吸い上げて、その一部を総務省が「地方交付税」として各地に分配しているのだ。

この、いかにも中央政権的な非効率を解消し、直接、地方自治体に納めるようにすればいい。

これで何が困るかといえば、集めて分配している人（中央省庁の役人！）が仕事を失うだけだ。役所が

公共事業関係費（政府全体）の推移

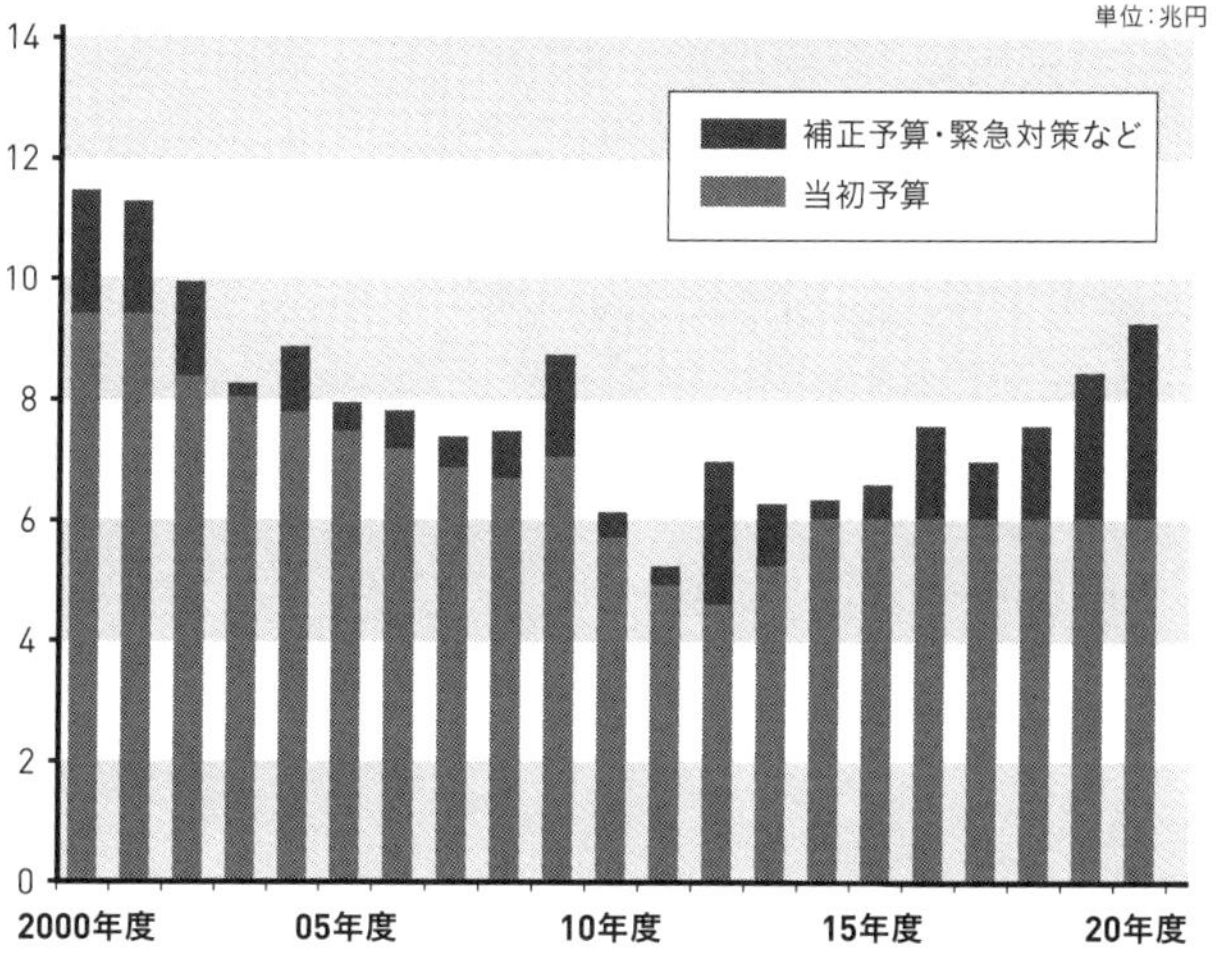

国土交通省資料より作成

スリム化されるのは、むしろいいことである。

消費税を地方自治体で徴収するようにすると、もうひとつ大きなメリットがある。要らない公共物は絶対に造らなくなる、というメリットだ。

日本全国を見渡してみると、空港やら道路やら、「要らないはずなのに造ってしまったもの」が多くある。

どことはいわないが、造ったものの就航数が驚くほど少なくて閑散としている空港、通行料が驚くほど高くて地元住民にはほとんど使われていない道路などだ。

空港や道路を新たに造るお金が必

要となれば、国から「特別交付税」という補助金が出る。天からお金が降ってくるのなら、誰だってお金を使うほうを考えるだろう。

かくして財務省など中央省庁への〝陳情〟の嵐となる。

財務省が精査して、本当に必要かどうか判断できればいいが、彼らにはそんな力も熱意もない。

だから、「A県に作ったらB県にも」と悪平等がはびこり、維持費ばかりがかさむ「無用の長物」が増えるありさまである。

もし、自分たちが直接納め、また自分たちが直接徴収したお金を使うとしたら、どうだろうか。

本当に必要なものかどうか、まずはよく考えるようになるだろう。

そして、市場原理が不要なものを淘汰するように、住民が必要だと思わないものは自然と造らなくなるだろう。

国に払う税金は「応能税」(個人の支払い能力に応じて払う税)、地方に払う税金は「応益税」(個人の便益に応じて払う税)という税理論がある。

消費税は地方税であるべきだという話は、この税理論とも合致するのである。

道路だろうが空港だろうが、国の補助金頼みではなく、便益に関係のある人たちが負担するようにする。考えてみれば当然のことではないか。

もっとも、消費税が地方税になると困るのが、いまの地方の知事などの首長だ。いまなら、東京に行って陳情しているといえば仕事になる。しかし、消費税が地方税になったら、東京に行って陳情するのではなく、何に使うかを地元民に説得しなければいけなくなる。中央に依存するほうが、じつは首長にとっては楽なのだ。

財務省の手玉に取られた民主党政権

２００９年、民主党は積年の「政権奪取」の願いを遂げ、政権の座についた。しかし、その政権運営はすぐに支障をきたした。

そして２年のうちに鳩山、菅、野田と、３人の首相を生み出すなどの紆余曲折があったのち、東日本大震災を経て２０１２年の衆議院選挙に惨敗、自民党の圧勝により、あっさりと政権を奪い返されてしまった。

民主党政権への評価はさまざまにできるが、ここでは経済政策に絞って話をしたい。というのも、消費増税の伏線は、民主党政権時代から敷かれていたのである。

２００９年の選挙当時の民主党のマニフェストには、はっきりと「増税しない」ことが謳われていた。「シロアリ＝天下り官僚の退治が先だ」と勇ましいことを言い、多くの支持を得て政権の座についた。

ところが２０１０年6月、菅直人政権がいきなり消費税10％への増税を宣言し、２０１２年の野田政権ではついに増税法案を成立させた。

こうしていつのまにか消費増税が既定路線になってしまい、安倍首相にすら、その流れは止められなかった。

それにしてもなぜ、マニフェストで「増税しない」と明言していたにもかかわらず、一転して増税路線になってしまったのか。

それは、経済にあまり明るくない当時の菅首相が、財務省にうまく丸め込まれてしまったからなのである。

そして折からのギリシャ危機を例に、「増税しないと年金や給料がカットされる」「日本のGDPに占める借金の割合は２００％を上回っており、ギリシャの１６０％より多い」などと恐怖をあおり、消費増税の必要性を説き始めた。

海外の例を参考にするというのは、先にも書いたように経済政策の鉄則である。しかしそれがてんでピント外れの比較では、どうしようもない。

ギリシャの年金が破綻しそうになっていたのは、国民に対して公務員が多すぎたからである。そのために年金として集めた額より、給付のほうがはるかに大きくなってしまったのだ。

財務省の確信犯的な入れ知恵か、菅首相の浅知恵か。いずれにしても、問題の本質をとらえないまま、増税へ向けて恐怖をあおったのである。

また借金の多さを、増税が必要であるとする根拠にしたのも安直すぎた。

日本は長年のデフレに加えて歴史的な円高により税収が減っていた。

しかし、ＧＤＰを引き上げることや、為替レートを変えることに何ら手を打たずにいきなり増税とは、自ら無能だと申告したようなものである。

円高を解消し、デフレから脱却し、ＧＤＰを上げる。こうした金融政策によって税の増収となれば、増税の必要はなくなる。

しかし財務省としては、増税→歳出権拡大という道が閉ざされてしまうのは困る。ここで、官僚は省庁の利益のために動くものなので、彼らが悪いとは言いきれない。

責めを負うべきは、官僚をうまく選んだうえで使いこなせなかった政治家の側なのである。民主党政権に、そんな度量を持つ政治家がいたなら、消費増税は、いまでも財務省のなかでくすぶったままだったかもしれない。

10年も正常に機能してこなかった日銀

安倍政権が発足するまでの間、デフレは10年以上も放置されていた。正しい金融政策さえ行えばデフレは解消できるはずなのに、なぜだろうか。

ポイントは、「政府が日銀をきちんとハンドリングできるかどうか」である。民主党政権に至るまでの10年間、政権与党にその力がなかったために、デフレが長引いた。

その点、安倍首相は違っていた。明確にインフレ目標を立て、また日銀では金融政策の効果を認めている黒田氏が総裁に就いた。このふたつの条件のもと、アベノミクスの滑り出しは好調だったのだ。

日銀はずっと「マネーストックは中央銀行によってコントロールできるものではない」としてきた。これは「日銀理論」と呼ばれ、多くの経済学者も支持していた。

ここで「おかしい」と思った読者は正しい。

第1章でも説明したように、中央銀行がマネタリーベースを増やしたり減らしたりすることで、マネーストックは調整される。むしろ、これこそが中央銀行の主たる機能といってもいいのに、日銀はこれを否定しつづけ、間違った金融政策を続けてきたのである。日銀法には「物価の安定を図ることを通じて国民経済の健全な発展に資すること」とある。物価は、マネーストックの量とモノの量のバランスで決まると説明したことを思い出してほしい。

そのマネーストックをコントロールできないとする日銀は、つまり物価をコントロールできないと言っているのであり、法律に定められた責務を放棄してきたに等しいのだ。

とはいえ、それ以前にも量的緩和が行われたことはある。始まったのは２００1年、その後、マネタリーベースは徐々に引き上げられていったが、２００4年になってもマネーストックは増加しなかった。

当時、内閣府と総務省にいた私は、マネタリーベースと予想インフレ率の相関性、それにともなう連鎖反応の予想から、マネタリーベースの増加率が低いことによりマネーストックはなかなか上がらないと見ていた。そこで、さらに強力な金融緩和をつづけたほうがいいと進言した。

ところが日銀は、量的緩和はマネーストック増加にはつながらないと決めつけ、2006年に量的緩和を解除してしまったのだ。

理由は、消費者物価指数が上がったことだったが、じつはこの数値には、当時、実態より高めに出るバイアス（偏り）がかかるという難点があった（その後、基準が改定された）。

その当時、消費者物価指数を作っている総務省にいたので、日銀のウソはすぐにわかったが、政府内にいた与謝野経済財政担当大臣（当時）が強引に押し切ってしまった。

ともかく量的緩和は解除され、デフレが解消しきらないところへ、アメリカに端を発するリーマンショックが起こった。

このとき、与謝野氏はバツが悪かったので、リーマンショックを「蚊に刺された程度だ」と見誤ってしまった。

この日本の失敗例が、くしくも海外では教訓となった。リーマンショック後、欧米では大胆な量的緩和が行われ、予想インフレ率が高まったのだ。

当時、日本がいまだにデフレなのは、リーマンショックの傷がまだ癒えていないからだとする経済学者もいたが、発生源でもない日本が、そのせいで低迷しつづけるはずはない。

それに、リーマンショックのせいだというならば、それ以前からつづいてきたデフレについては、どう説明するのか。

世界的に実践されている金融政策や、それを支える経済理論を、日銀は否定しつづけてきた。金融政策のプロであるべきものが、正常に機能してこなかった。

これこそが、20年もデフレがつづいた元凶といっていい。

じつは「まことに結構な経済状況だった」バブル時代

１９８０年代のバブルというと、その後の不景気の元凶のようにいわれることも多いが、じつのところ「まことに結構な経済状態だった」と言ったら驚くだろうか。

たしかにバブル崩壊を境に、日本経済は急激に落ち込んでしまった。

しかし悪かったのはバブルそのものではない。バブルを適正に処理しなかったというか、金融政策がバブルを引き起こしたと思い込み、バブルつぶしのために金融引き締めを行った金融政策が悪かったのだ。10年以上にわたるデフレを一切是正できずにいたかつての日銀は、そこですでに大きな間違いを犯していたのである。

バブル期の日経平均株価

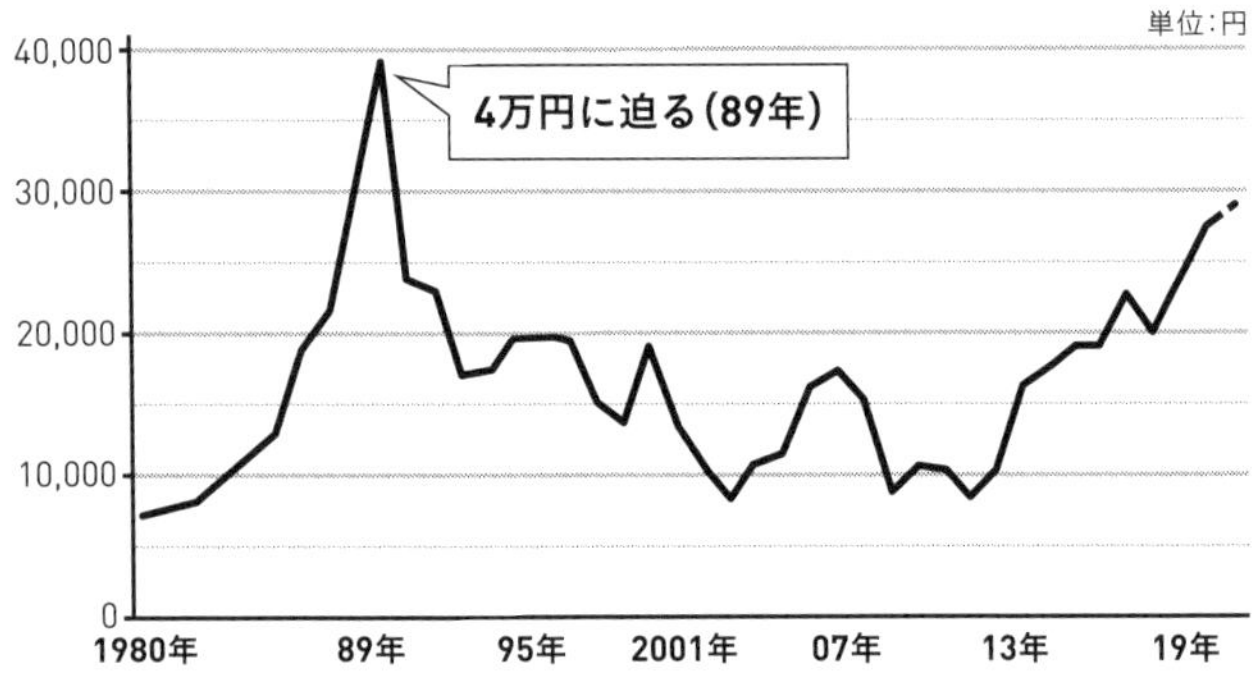

「日経平均プロフィル」より作成

あのころは、いまからは想像できないような経済状態がつづいていた。

具体的にいうと、1989年末時点で日経平均株価は4万円に近く、GDP成長率は4～5%、失業率は2%台、ただし物価はさほど上がっていなかった。

経済が熱しすぎたら金融緊縮をして冷やさなければならないが、物価上昇が見られなかった時点で、金融緊縮を行うべき前提条件はそろっていなかったのである。

それなのに日銀は、「バブルつぶし」とばかりに急激な金融緊縮を行った。公定歩合（いまでいう政策金利）をどんどん上げ、世の中に出回るお金をみるみる減らしてしまったのである。

もともと経済は過剰に熱していなかったのに冷

都市圏別住宅街の地価変動率の推移

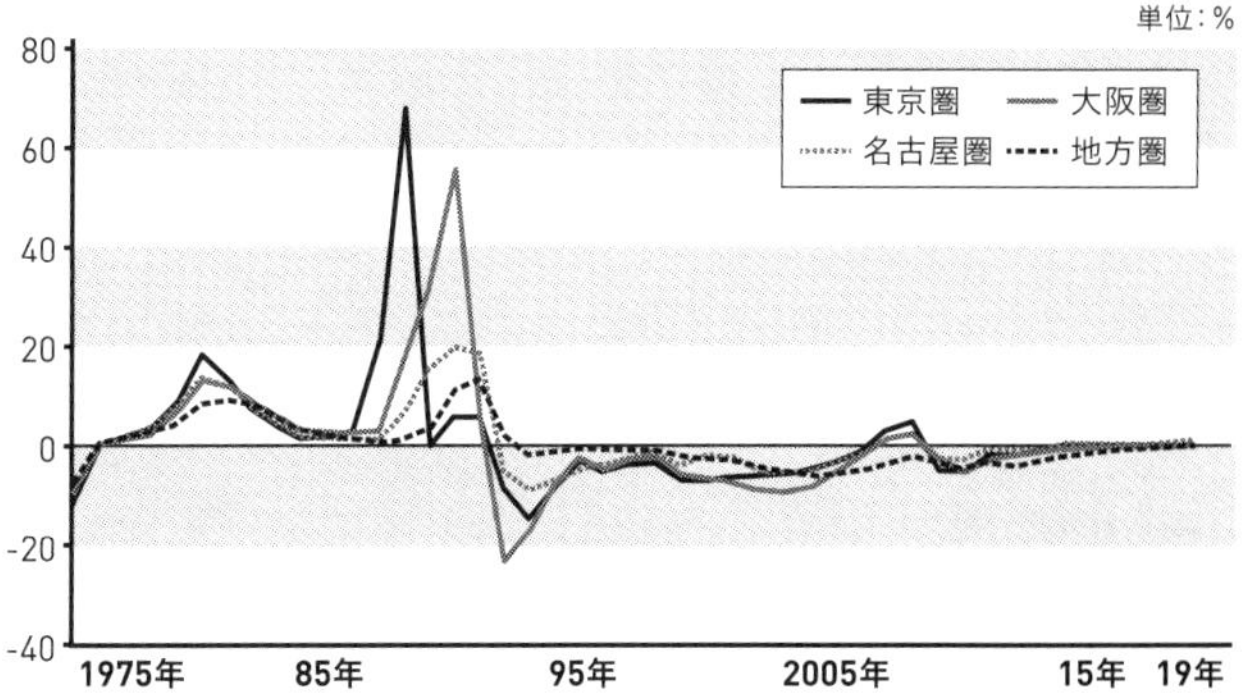

※地方圏は三大都市を除いた地域　　国土交通省「地価公示」より作成

やす措置をとったのだから、当然、さらに冷え込む。デフレになって当然だった。これが間違いだったのだ。

では、何もせずにいればよかったのかといえば、それも違う。

当時は、平均株価の上昇に付随するように、不動産価格がうなぎのぼりだった。

となれば、普通なら物価も上昇するはずである。その自然な連鎖反応が起こらないということは、株式市場と不動産市場に、何かしら問題があることを疑うべきだ。

当時、大蔵官僚として現場にいた私は、まずその疑いを持ち、実際に証券会社での検査のなかで、ある法律の盲点をついた取引を多く発見した。

ひと言でいうと投資で損失が出た場合に、証券会社が補填するという、あってはならない取引が横行していたのである。

日本の証券取引法では、事前に損失補填を約束することは禁止されていたが、事後に補填することを禁ずる法律はなかった。その盲点をついた不正な取引のために、株価は上がる一方、物価は上がらないという不自然な状態になっていたのだ。

そこでなすべきは、本来あるべき自然な状態に経済を戻すことである。

まず私は、証券会社向けに、そうした営業方法を規制する通達を出すことを起案した。この通達により、損失の補填は事実上禁止された。すると目に見えて効果が表れ、日経平均株価は急落した。

さらにその後、不動産融資については「土地関連融資の抑制について」という通達が出された。これは不動産融資の伸び率を、全体の貸し出しの伸び率以下に抑えるように指示したものだ。これを「総量規制」という。

問題のあった株と不動産のバブルを解消する。市場に手を加えるのは、本当はここまでてよかった。経済が健全化したあとは市場に任せるべきだったのに、金融緊縮によって日本経済は急激に冷え込んでしまったのだ。

その当時のインフレ率は１～３％に入っていた。いまのインフレ目標２％がもしあの当時に行われていたら、金融引き締めはしてはいけない政策だ。これで当時のバブルつぶしの金融引き締めの間違いがわかるだろう。

金融政策はこれほど大きな影響力を持つという、悪しき先例である。

「歳入庁」のない日本は変な国

「日本はそんなにダメな国なのでしょうか」という問いをよく受ける。

ある意味ではダメだが、ある意味においては悲観することもない。

日本人は産業を育てる力にすぐれ、勤勉で、底力があると思う。それが悲観しなくていい理由だ。ただし一方には決定的にダメな部分がある。これまで話してきた、かつての日銀の体たらくに代表されるようなシステム上の欠陥だ。

私が以前から提案しつづけていて、まだ実現していないものに「歳入庁の創設」がある。読んで字のごとく、歳入（国の収入）を一括管理する機関だ。

それなら財務省があるじゃないか、と思った人は大きな勘違いをしている。

歳入庁のイメージ

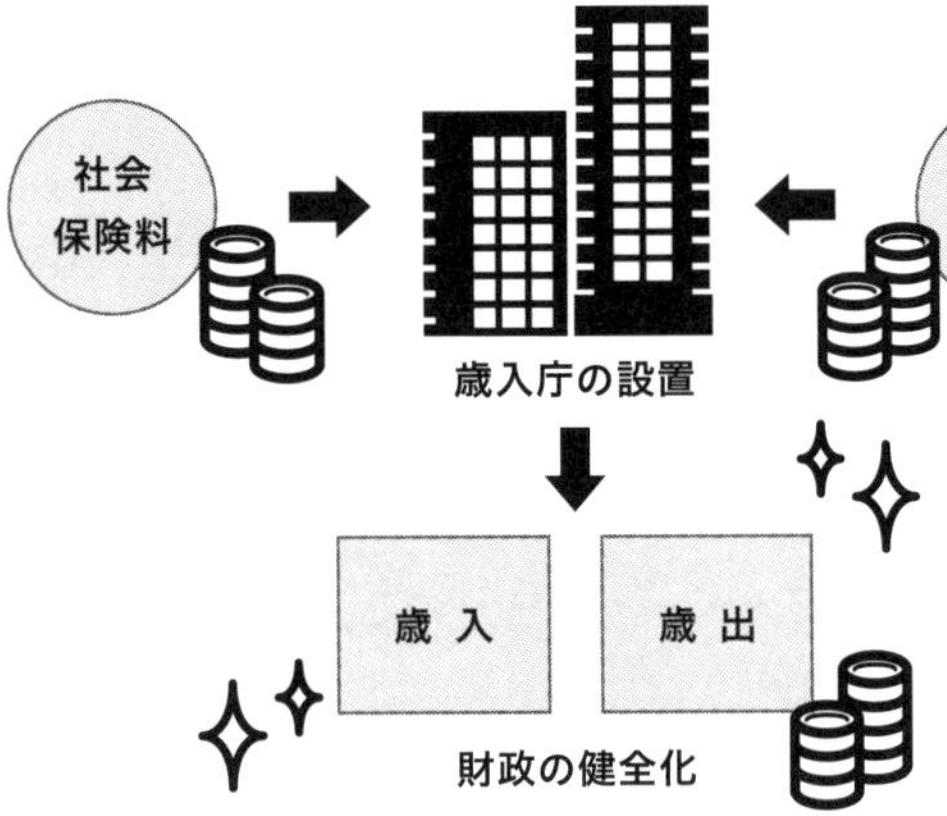

編集部で作成

日本国民が納める税金はたしかに財務省の所管であり、その外局である国税庁が徴収している。

しかし社会保険料は別だ。私が大蔵省にいた当時は社会保険庁、いまでは日本年金機構だ。同じ国の財源であるはずなのに、一括管理されていないのである。しかも縦割り行政の通弊で、横のつながりがほとんどない。

そのことを端的に示すのが、それぞれが把握している法人の数だった。財務省は約280万件だが、日本年金機構は200万件程度だったのだ。

さらにおかしなことがある。

国税庁が管轄する法人税は、黒字の法人

令和2年度「ねんきん定期便」（50歳未満）オモテ

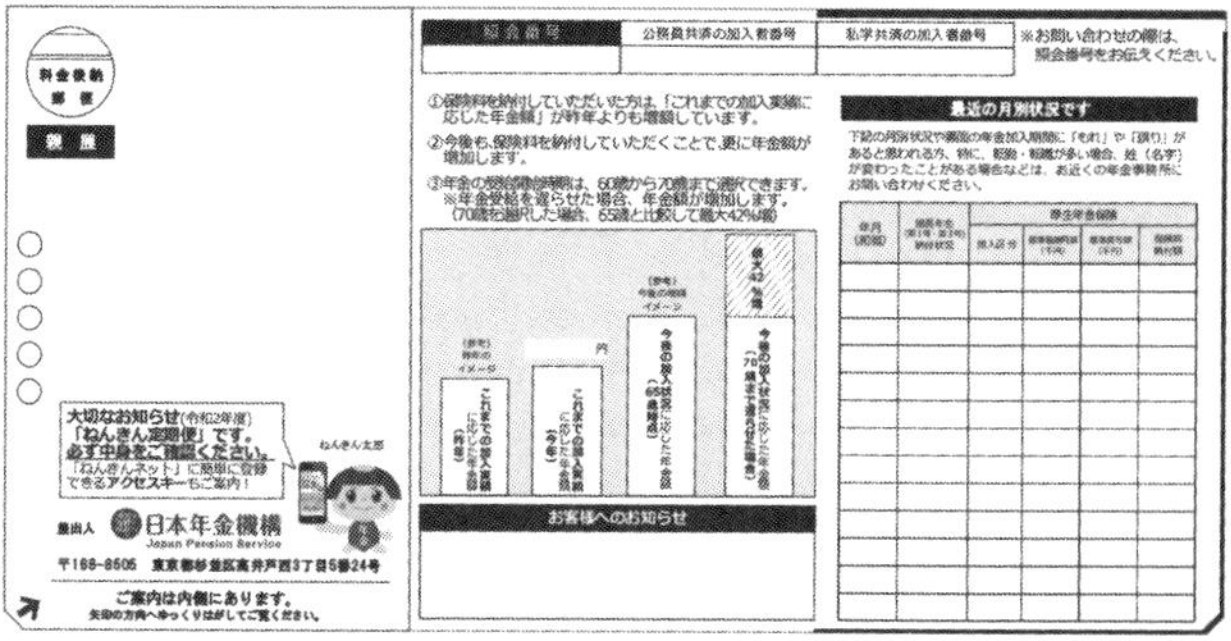

だけが払うものだ。したがって国税庁は黒字の法人だけを把握していればいいことになるが、社会保険料を管轄する日本年金機構は、すべての法人を把握していなければならない。それなのに、日本年金機構のほうが、把握している法人の数が少なかったのだ。

これで何が問題かがわかるだろうか。把握されていない法人は当然、社会保険料を払わなくてもバレない。つまり日本年金機構は、正確な法人数を把握していないことで、かなりの社会保険料を取りっぱぐれているのである。

この欠陥が社会問題化したのが、かつての「消えた年金」問題だ。消えた年金のじつに７～８割が厚生年金であり、サラリーマンは自分の給料から引かれた厚生年金が、ちゃんと納められているかを知る手段がなかったのだ。

この騒ぎを機に、私はずっと提案してきた「ねんきん定期便」を実現させた。

しかしその前に、日本年金機構と財務省を合体させた歳入庁をつくれば、社会保険料取り逃しの問題は解決する。その額は、ざっと見積もっても10兆円ほどにのぼるだろう。

「税と社会保障の一体改革」とやらの前にすべきは、この徴収の不公平をただすことではないのか。

海外でも、年金給付の組織が別に設けられているケースはあるが、税と社会保障で徴収する機関が別々というのは見当たらない。

じつは以前、民主党は歳入庁創設を謳っていた。ところが、政権についたとたんにその話は立ち消えになり、財務省に丸め込まれた菅首相が突如として増税を言い始め、そしてついに消費増税が決定されてしまった。

取るべきお金を取りこぼしておいて、財政危機だからと増税する。自らのシステムの欠陥には目をつむり、国民にその割を食わせる。それが、日本という国がはらむ〝そんなにダメ〟な部分である。

国のお財布には、毎年数兆円も増える「埋蔵金」がある！

「霞が関の埋蔵金」という言葉を聞いたことはないだろうか。これは「特別会計」という国の〝お財布〟のうち、資産から負債を引いた額のことだ。これに、独立行政法人や特殊法人に資金提供されたお金も含まれる。

役人の天下り先確保のために、霞が関がつくった独立行政法人や特殊法人は、約４５００団体にものぼる。そこに２万５０００人の役人が天下りし、毎年十数兆円の国費が投じられているのだ。

理解を深めるために、国の〝お財布事情〟について、少し説明しておこう。

国のお財布は、大きく分けて二種類ある。「一般会計」と「特別会計」だ。「一般会計」は、いわば、さまざまな経費をまかなうための財布、「特別会計」は、使う目的が特化された財布だ。各省庁が、この二つの財布を持っている。

個人でも、家賃や光熱費など生活にかかる雑経費を入れておく口座と、たとえば誕生日やクリスマスなど特別なときに使うためのお金を入れておく口座を、分けている人は多い

一般会計と特別会計の規模（2017年当初予算）

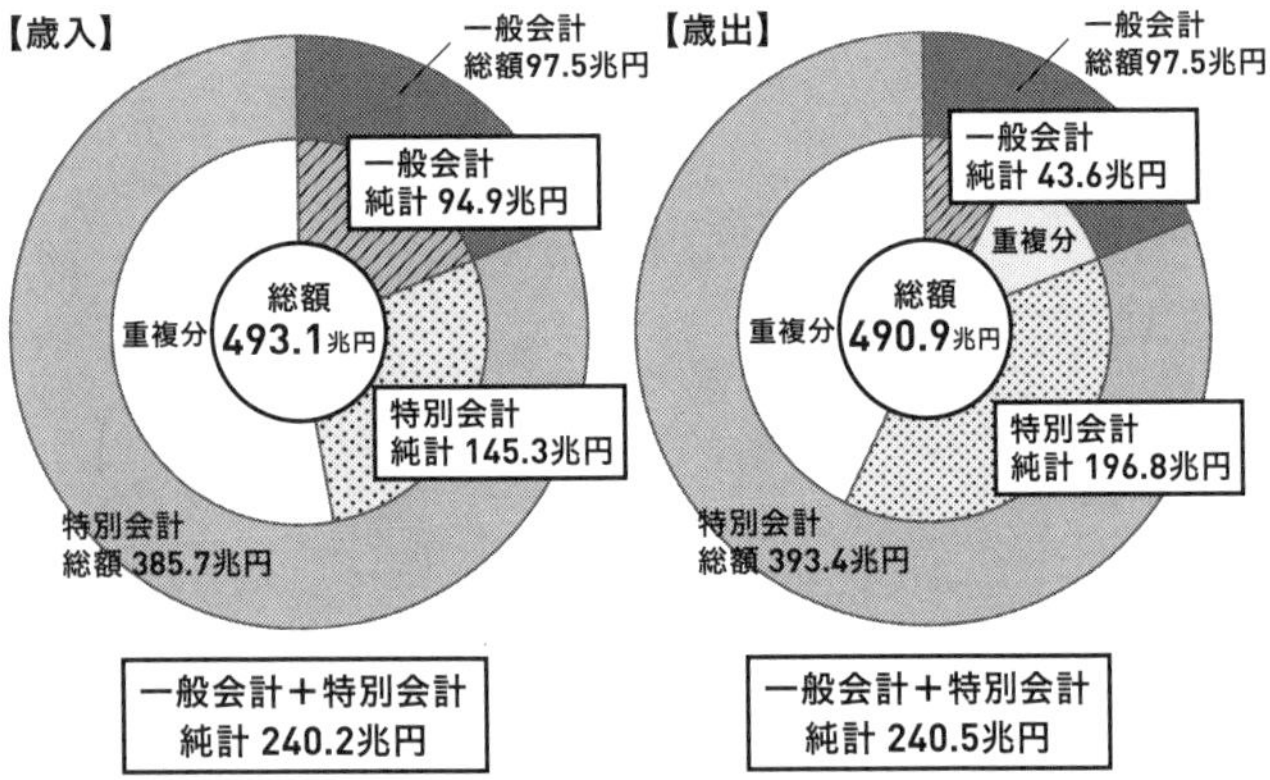

※純計とは、総額から会計間の取引として重複計上されているもの等を除いた数字

財務省資料より作成

ことだろう。

「一般会計」は前者、「特別会計」は後者と同じようなものだと考えていい。

毎年、各省庁が予算を申告して国の税収から〝お小遣い〟をもらうのが一般会計だ。一方、特別会計には、目的に応じた収入（年金のための特別会計なら国民から支払われる年金保険料）と、国費負担分（つまり税収の一部）が入っている。

特別会計の総額は一般会計の2倍にもなるが、形式的には予算なので国会で審議されるものの、主に役所が管理しており、一般会計のように国会で議題にのぼることもない。

といっても、その存在自体は「裏金」

のような不当なものではない。それぞれの目的のために正当な法的手続きによって確保された予算だ。

たとえば、財務省の「国債整理基金特別会計」は国債の利払いや償還のため、厚生労働省の「労働保険特別会計」は雇用保険事業のため、といった具合だ。

ただ、問題は、特別会計の中で余っているお金――埋蔵金なのである。

存在自体が不要な特別会計も含めれば、多額にのぼるだろう。

「霞が関の埋蔵金」を明らかにしたのは、じつは私だ。２００５年、特別会計の財政状況を説明することになったときに、各特別会計の余剰金を探査してみた結果、45兆円もの余っているお金を探り当てたのである。

ちなみに「埋蔵金」という言葉のコピーライトは、与謝野馨氏にある。「特別会計で余っている巨額資金から、財源を捻出すればいいという論は『霞が関埋蔵金伝説』の類を出ない」と言って、否定しようとしたことが始まりだ。

話を元に戻そう。

では、霞が関の埋蔵金は、いったいどれくらいあるのだろうか。

財務省は「埋蔵金はない」と言い張るが、怪しいものだ。たとえば２０１１年の基礎年金に国費を投じたときには、「ない」はずの独立行政法人鉄道建設・運輸施設整備支援機構の埋蔵金1・4兆円が充てられた。

つまり、埋蔵金は「掘れば、ある」のだ。各特別会計をしっかり見直せば、毎年、数兆円は余っているお金を吐き出させるはずである。

しかも特別会計は、決して減ることはない。特別会計は役人によって運用されているが、損失を出さないために、彼らは安全な運用しかしていないからだ。そのため毎年毎年、数兆円単位で特別会計は積み立てられ、増えつづけているというわけだ。

余っているお金を役人の手に持たせておいては、ろくな使い方をしない。

現に天下り先を守るためだけに、特別会計から独立行政法人や特殊法人に巨額の資金提供が行われているのだ。無駄遣い以外の何ものでもない。

霞が関の埋蔵金は、もとはといえば国民の資産である。これこそ、国がすぐにでも吐き出して国民のために使える、否、使うべきお金なのだ。

「公務員の人件費カット」で7兆円もの財源が！

私は日本再生のシナリオを、次の３ステップで考えている。

先ほどウソを暴いた財務省の社会保障・財政再建になぞらえて言えば、日本再生のホップは経済成長による税収増で、ステップは埋蔵金の捻出だ。ここまではすでに述べたとおりで、最後のジャンプは、なんといっても公務員の人件費カットである。

国家公務員と地方公務員の給料を３割弱カットするだけで、約７兆円もの財源が生まれると私は見ている。

ギリギリの給料で生活をしている人からすれば、３割も給料をカットされるなんて想像するだけで恐ろしいことだろう。しかし公務員は、まったく事情が異なる。日本は、世界でも稀に見る公務員天国なのだ。

そもそも公務員の給与水準は、誰が決めているのだろうか。

人事院という組織である。彼らは労働組合のない公務員を守るべき立場にあるので、それだけに公務員には大変甘い。

国家公務員と民間との給与較差

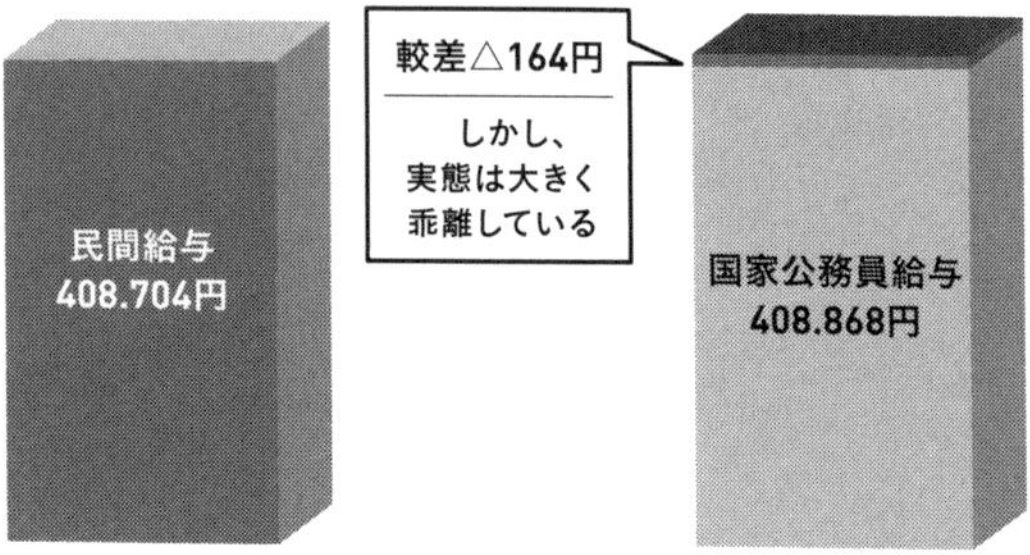

人事院資料より作成

給与水準にしても、民間企業と比較したうえで出していると は言うが、どんな企業と比べているかといえば優良大企業ばかりなのである。

事業所従業員50人以上の企業約1万社を調査していると言いつつ、その内訳は500人以上の企業が約4000社、100〜500人の企業が約4000社、50〜100人の企業が約2000社と、大企業と呼ぶべき規模の企業が約8割を占めている。

こうして2020年10月に人事院から出された報告では、国家公務員の給与は、ボーナスを除いて40万8868円だった。同月の民間給与と比較したところ、公務員が0・04%（164円）上回った程度。結果だけを見るとそこまで差がないようにも感じられるが、そもそもの調査の前提が間違えているため、この数字はまやかしにすぎないのだ。

これは２０１２年以降の特例措置で約７・８％減額された後の給料だから、それまではもっと多かったことになる。しかも人事院は、調査対象を正規労働者に限っている。

ちなみに、国税庁でも民間給与実態統計調査というものを行っているが、こちらでは従業員１人以上の企業が対象となる。調査する約２万社のうち、５００人以上の企業は約８０００社、１００～５００人の企業は約３０００社、１００人未満の企業は約９０００社であり、中小企業の割合が高い。

そのため、導き出される給与水準は人事院のそれより低くなり、こちらのほうが、よほど民間の実情を反映した調査結果と言えるだろう。

公務員には勤務先の倒産という不安がなく生涯安泰なのだから、３割以上カットしてもいいくらいだ。まして、民間企業の給与水準より公務員給与のほうが高くていい正当な理由など、どこにも見当たらない。

ところが、自ら血を流すという決定はなかなかしづらいようで、公務員制度改革は、これまでに何度も議題にのぼっては廃案にされてきた。

国民の目を考えて「自らの身を切ります」というポーズは見せつつも、ちょっと抵抗されただけで、うやむやのうちに反故にしてしまう。人事院が反対勢力の中心となって、すぐに骨抜きにされてしまうのだ。

ちなみに、人事院は3人の人事官の合議組織である。2009年まで、そのうちの一人は、伝統的に全国紙やNHKなどのマスコミ系OBだった。

これまで、そういう甘い汁を吸ってきたせいか、一部マスコミは、人事院の横やりのせいで真の公務員制度改革が暗礁に乗り上げていることを、ほとんど報じようとしない、ということも付記しておく。

公的年金はそう簡単に破綻しない

「このままいくと公的年金は破綻確実」という話をよく聞くが、何が「このままいくと」なのか、何をもって「破綻」というのかが、よくわからない。

積立金がないから破綻という人もいるが、これは誤解だ。というのは、日本の公的年金はほとんどが、賦課方式でまかなわれているからだ。

賦課方式とは、自分が支払った年金がいまの高齢者に支払われていることをいう。

つまり自分が払った分が、将来受け取る立場になるときまで積み立てられているわけで

賦課方式の公的年金のイメージ

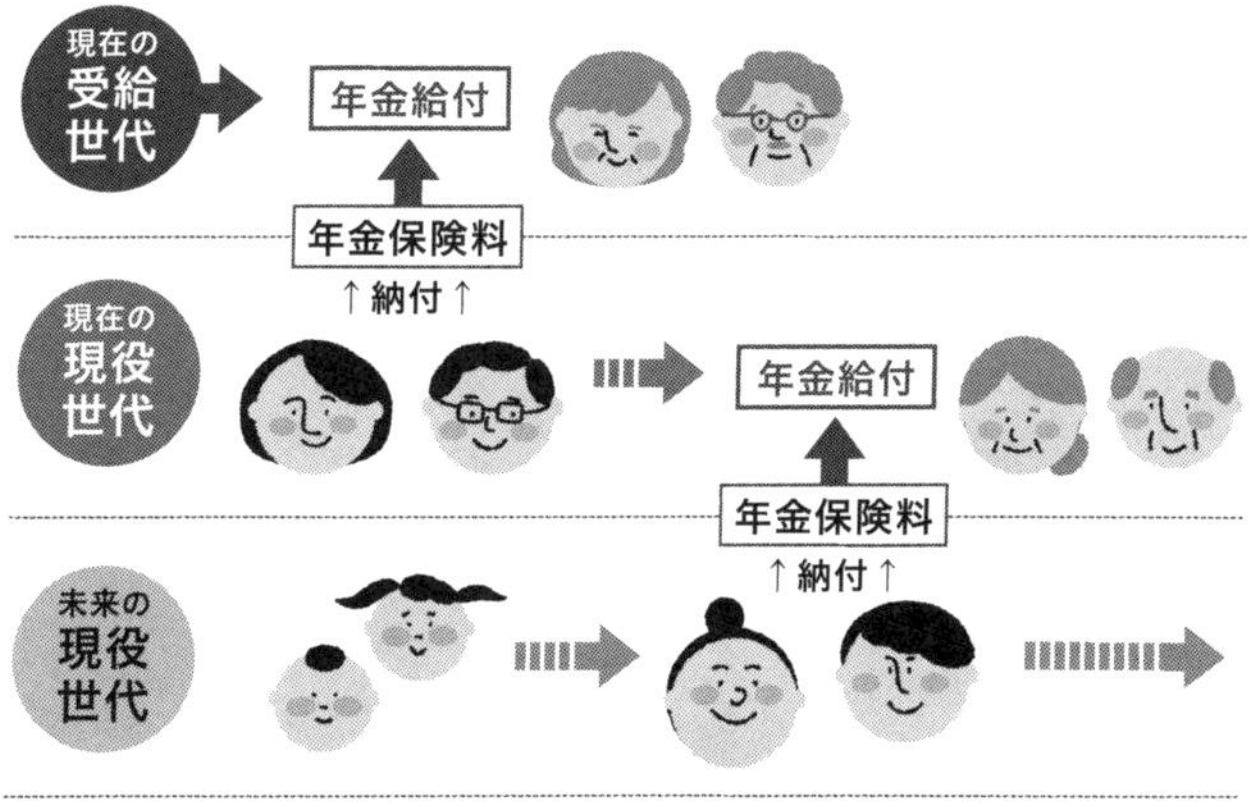

年金積立金管理運用独立行政法人HPより作成

はないのだ。

積立金になるぶんもあるが、払った額の1割程度にすぎない。

それほど占める割合が少ない積立金が減ったからといって、年金制度の破綻にすぐにつながることはない。

たしかに、よく「2人の若者で4人のお年寄りを支えなくてはならない」などといわれるように、このまま少子高齢化が進めば、受け取る人に対して支払う人が少なくなる。

同じ額を分ける人数が多くなるため、要するに受け取る額が減るということだ。

「このままいくと破綻する」と言ってる人は、少子高齢化が進むことで将来的に受け取る額が減ることを指しているのかもしれない。

ただし厳密に定義すれば、公的年金はそう簡単には破綻しない。たとえ積立金が枯渇しても、支給額を少し減らせばいいだけのことだからだ。それを「積立金が危機的だから増税が必要だ」というのは、国民の不安を利用して増税につなげる、おなじみの常套手段である。

また「どうせ自分が高齢者になるころには年金が破綻していて、もらえないだろうから払わない」という若者もいるが、もとより払わなければ一銭ももらえないのだ。

払ってさえいれば、自分が高齢者になったときに、若者のサポートを受けられる。減額が不安なら、年金を払いつつ個人的に別の保険に入ったり、それこそ預金を積み立てて将来に備えたりすればいいのだ。

第4章　リテラシーが低いマスコミ

毒にしかならない「新聞」や「経済誌」

私はかれこれ20年間、新聞を購読していない。これは本当である。

私がこれらのものを読むのは、取材などで必要なとき——たとえば取材で「新聞にはこう書いてありますが」などと話を振られたときや、あるテーマについてマスコミの論調を知ったうえで論じる必要があるときだけだ。

つまり仕事で仕方なく目を通すだけであり、自分の情報収集のためにはまったく読んでいないのである。

「専門家なのだから、経済のことは新聞なんか読まなくてもわかって当然」という声が聞こえてきそうだが、たしかに、そうともいえる。

しかし、ここで指摘しておきたいのは、私が経済の専門家「だから」読む必要がないわけではないということだ。

むしろ経済を専門としない人こそ、日本の新聞や経済誌を読まないほうがいい。

なぜかといえば、専門家ならすぐにわかる間違いが、素人にはわからないからだ。わか

新聞発行部数の実績と予測

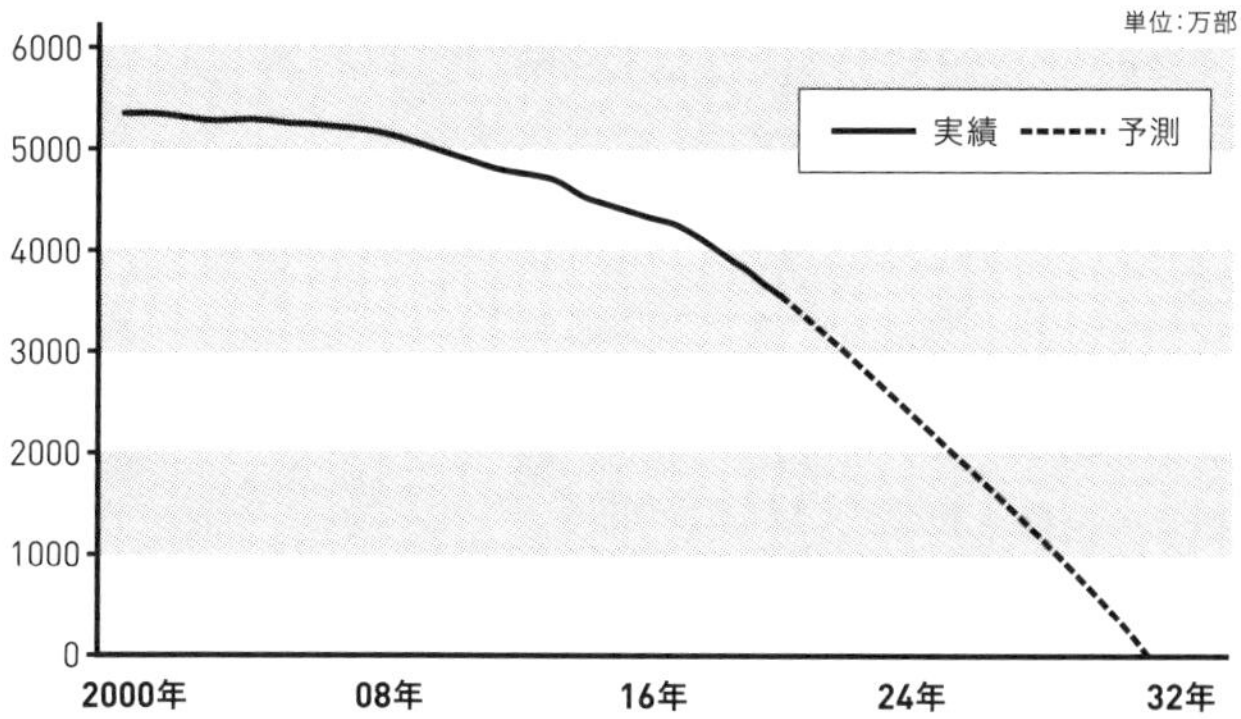

筆者が作成

らないからこそ、マスコミの論調を妄信してしまう。

これほど危険なことはない。

では日本のマスコミはどれくらい間違っているのか。

残念なことに「かなり間違っている」のである。第2章や第3章でも、しばしば巷でいわれていることの間違いを指摘してきたが、その出所のほとんどはマスコミだろう。

毎日のように、マスコミは間違った俗論をまき散らしているのである。

日本のマスコミは本当にレベルが低い。私にとっては間違い探しのネタの宝庫のようなものだが、経済の知識をマスコミに頼っている人にとってはたまったものではない。

なかにはウソを書こうと思っているのではなく、単に無知なだけなのだが、悪意がないだけに性質が悪い記者もいる。自分たちでも無意識のまま、したり顔で間違った情報を流しているのだ。

日本のマスコミから情報を得るのは無意味であるどころか、有害とすらいえる。最近はそのことに気づき始めた読者も多いようで、新聞の発行部数の減少がすさまじい。データを見る限り、新聞は10年後には消滅しているだろう。

本書で多少でも経済知識を身につけた読者であれば、もはやレベルの低いマスコミに頼らずとも、もっと高度な情報収集ができるはずだ。

「財務省の手先」に成り下がっているマスコミ

大蔵官僚だった時代に、よく聞いた言葉がある。

「マスコミの脳は小鳥の脳だから、それに見合う情報だけ与えておけばいい」

まったくひどいものだが、これが財務官僚の認識である。

実際、経済政策の記事を書く際、マスコミは財務省のレクチャーを受けなくては何も書けないだろう。

たとえば政府の予算書は2000ページにものぼる。すべてに目を通して、すべてを理解し、そして記事にまとめるほどの力量は、マスコミの記者にはない。予算書の一部さえ読まずに、記事を書くのが日本のマスコミだ。

そこで財務省によるレクチャーとなる。

2000ページ分もの予算書を3%ほどに縮めたダイジェスト版を教わるのだが、どうしたって財務省に都合のいい切り口になる。

語り手が財務省の官僚なのだから、当然だ。

第2章、第3章を読んできて、たとえば消費増税ひとつとっても、なぜ一省庁の都合のいい俗論が流れているのか、どうしてそこにくさびを打ち込むような報道があまりないのか、不思議に思った読者もいるかもしれない。

答えは簡単である。その〝ネタ元〟となっているのは財務省であり、マスコミは、彼らが自分たちの都合のいいかたちで与えた情報をもとに、記事を書いているからだ。

こういう例ならいくらでもある。

たとえば2013年になって、「日本の借金が初めて1000兆円を超えた」と一斉に

2010年3月末時点での国のバランスシート

資産の部		負債の部	
現金・預金	18.8	政府短期証券	96.8
有価証券	91.7	公債	720.6
未収金等	14.1	借入金	21.9
貸付金	155.0	預託金	8.8
運用寄託金	121.4	公的年金預り金	130.4
貸倒引当金	△2.6	退職給付引当金等	12.4
有形固定資産	184.5	その他負債	28.1
無形固定資産	0.3	**負債合計**	**1019.0**
出資金	58.2	資産・負債差額の部	
その他資産	5.3	**資産・負債差額**	**△372.0**
資産合計	**647.0**	負債及び資産・負債差額合計	647.0

財務省資料より作成

報じられた。

ここでいう借金とは、「国債及び借入金並びに政府保証債務現在高」のことで、バランスシートでいうと債務の一部分にすぎない。

それが「1000兆円を超えた」というのは、いわずもがな「したがって増税しなければ財政破綻する」という論理につながっているのだが、ひとつ大きな間違いがある。

毎年公表されるようになったバランスシートを遡ってみると、2010年3月末の時点で、すでに国の負債総額は1019兆円。つまり「初めて1000兆円を超えた」というのは誤りなのである。

それなのに、どうして２０１０年当時は報じられなかったのか。そして、部分的な「国債及び借入金並びに政府保証債務現在高」だけがこんにちに至るまで大々的に取り上げられているのか。

それは、マスコミが不勉強で自ら真実を探求しようとしないために、財務省が自分たちに都合のいい情報を、都合のいいタイミングで流したことに乗っかってしまっているからなのである。

先に触れたように、財務省にとってバランスシートは不都合な真実（膨大な資産があり、その資産は天下り先への資金源になっている）が明るみに出るようなものだ。

だからバランスシートについては触れないまま、部分的な情報しかレクチャーしない。結果、「日本の借金が初めて１０００兆円を超えた」という報道になるのである。

ほかにも「増税しないと、外国から財政再建の意思を疑われて国債が暴落する」などといわれ、マスコミでは「増税やむなし」とする論調が多かった。

しかし、そのような根拠はどこにもない。これもやはり、確信犯的な財務省のデマに、マスコミがはまってしまったからなのである。

なお、私がバランスシートを大蔵（財務）省内で作成したときのエピソードを付け加えておこう。

私は、大蔵省が行っていた貸し付けとその調達のために各省から受けていた預託のミスマッチによるリスクについて、「うまい方法を考案せよ」と幹部から命令を受けていた。ただ、リスク管理には、バランスシートの作成が不可欠だった。

そうして、省のトップからの業務命令で作ったバランスシートではあるが、世界各国を見ると、どの国でも作成し公開の準備をしていた。

そこで、「バランスシートを公開したほうがいい」と幹部に進言したら、主計局から横やりが入った。自分たちでマスコミをダマしていたのがバレるからだった。

ようやく公開されたときには、作成から10年もたっていた。もう世界の流れからもやむをえず発表したのだろう。

しかし、あまり積極的には公開していない。ましてやマスコミ用の簡単な説明資料や官僚のレクチャーもない。だから、マスコミでは報じられていないのだ。

「ガソリン値上げ」に「衣料品値下げ」で物価を語る愚かさ

自分で勉強して真実を探るのではなく、役所の記者クラブで役人がレクチャーした内容を記事にまとめるだけ。ごく一部には気概のあるメディアもあるかもしれないが、日本のマスコミは総じて官僚とのなれ合いに甘んじている。

そうなると当然、経済知識も乏しくなり、本書で私が説いているようなマクロ経済的な視点、大局的に経済を見る視点を持ちえない。

たとえば、物価の上昇・下落は、一般物価の動向を見なければわからない。これができないと、身近に見える商品の値段の上昇・下落で判断してしまいがちである。

「ガソリンが値上げした」「衣料品が値下がりした」といった具合だ。

こういう考え方をしはじめると、もう、全体の物価動向などまったく見えなくなってしまう。かくして「ガソリンが値上げしたからインフレ」「でも衣料品が値下がりしたからまたデフレ」という、訳のわからない分析になってしまうのだ。

生活用品の値段が上がったり下がったりするのを、消費者の実感としてとらえるのはわかる。しかし、本来なら冷静に経済動向を見なければならないマスコミまでが、この感覚で物価の動向を論じようとすると、とたんに目が曇ってしまう。

これも、前に述べた〝半径1メートル〟の弊害である。

残念ながら目に見えるものを引き合いに出して論じる傾向が、日本のマスコミには非常に強い。

読者にわかりやすいように、身近な例を挙げているつもりなのかもしれないが、まったくピント外れの基準で何かを分析しようとしても、出てくるのは同じくピント外れの結論ばかりである。

そろそろ読者を見くびるのはやめて、真剣に知ること、報じることに取り組んでもらいたいものだ。

しかし日本の、とくに大手新聞社の記者は、記者クラブやら会社やらで甘やかされているので、あまり期待はできないだろう。

マスコミは「一番おおもとの資料」にあたっていない

私が日本のマスコミを信用していないもうひとつの理由は、彼らは誰にでもアクセス可能な、パブリックな情報を軽視しがちだということだ。

先に例に出した、記者クラブに出入りしているような記者たちは、どちらかというとエリート記者たちだ。

彼らは、省庁から与えられる情報をまとめるだけで、記者としてのハングリー精神に欠けるという難点がある。

他方、地を這うような取材をして情報をつかむ記者もいる。とにかくほかでは報じられていないことをつかむことが、彼らの至上命題だ。

そうなると、「ここだけの話」「重要人物が当社にだけ明かしたウラ情報」といったものが、記事の根拠になることが多くなる。記者としての野心は買うが、ソースの信憑性に問題があっては話にならない。

私は、芸能ニュースならばいざしらず、経済については、真実は一次資料にしかないと思っている。

政府の予算についてなら予算書、財務状況についてならバランスシート、といった具合に、一番おおもとの資料にあたらなければ、何事も判断できない。

これは大蔵（当時）官僚時代にしみついたクセのようなものだ。

そもそも「ここだけの話」など、ほとんど皆無のはずで、そんな特ダネばかり追って基本的な真実を見落とすようなマスコミにも、要注意なのである。

ここで考え方を変えれば、マスコミの情報に触れる都度、一次資料にあたるようにすれば、誤った情報に惑わされることもなくなるということだ。予算書など専門性の高いものは難しいだろうが、一般人でも理解できるものもたくさんある。

言葉がわからなければ、意味を調べればいい。このように心がけるだけでも、マスコミの俗論に対して、ひとつ強力な防壁を築くことになる。

新聞は無駄金！　海外ニュースを見たほうがいい

日本のマスコミは、読者層が日本人（日本語を読み書きする人）に限られているために競争がない。そのため、もろもろ甘やかされている側面も否めないだろう。これまでも書いてきたように、とにかく質が悪すぎる。

その点、英語圏のマスコミは読者が多く、競争が激しいこともあって質が高い。だから私は、日本のマスコミより海外、とりわけ英語圏のマスコミに触れることをすすめている。

海外の新聞は日本でも買えるが、いまは、やはりネットが便利だ。キーワードを入力すれば、たいていの情報は手に入る。しかもタダである。活用しない手はない。

かくいう私も、新聞を読まずにどうやって情報収集しているのかといえば、大半はネットで一次情報から得ているのだ。断っておくが、ネットでも掲示板の書き込みなどは時間のムダなので見ていない。

ただし、より精度の高い情報を得るには、キーワードは英語で入力しなければ意味がない。私は大学教授をしながらネット私塾も主宰しているのだが、あるとき受講生からこんな質問を受けたことがある。

「中国の金利が上がっているらしいが、どうやって自分で調べたらいいのか？」――ネットでいくら調べても、たしかな情報にたどり着けなかったという。

聞けばそれは当然のことで、その受講生は「中国　金利」と入れて検索したそうなのだ。

このように日本語で検索しても、ほとんどヒットしないか、不確定な情報ばかりになってしまうのがつねである。

しかし、英語で「中国　金利」、つまり「China interest」などと入力すれば、立ちどころに一次資料に匹敵するサイトがヒットし、有力な情報が出てくるだろう。

また、ニュース番組ではアメリカのCNNや、イギリスのBBCを視聴するのもおすすめだ。

ひと月あたり同じ4000円くらいなら、日本の新聞よりケーブルテレビで海外ニュースチャンネルを契約したほうが、断然タメになる。

字幕設定ができれば、英語が聞けなくても理解はできる。

それに日常的に英語を聞いていれば、自然と英語の勉強にもなるだろう。

トンデモ論を主張する者も信じる者も「同じ穴のムジナ」

日本のマスコミには、基本的な知識から批判力、分析力といった素養が絶対的に欠けているところが多い。

となると、紙面や画面に登場する〝識者〟たちのレベルも、たかが知れている。登場させる側がきちんと人を見極められないのだから、当たり前である。

センセーショナルな物言いをして世間から注目を浴びているが、そのじつ何の根拠も示していない、あるいは思い込みや思い違いに基づいて話している、という人が本当に多い。

話題性があるほうが盛り上がるから、マスコミは信憑性など二の次にして登場させる。それを見たり読んだりした人は、なんとなくその人が言っていることが正しいように思い込んでしまう。

かくして、根拠の乏しい俗論が世にはびこることになる。

飽きもせず俗論をまき散らすほうはもちろん問題だが、それにまんまとはまってしまう側にも問題がある。

もし、マスコミに惑わされるのがいやなのであれば、惑わされないだけの素養を磨いてほしいと思う。

まずひとつには、論者の〝打率〟を見ることだ。イチローがなぜ野球の天才児と呼ばれるのかといえば、打率が飛び抜けて高いからだろう。同じように、論じている人の過去の打率を見れば、その人の能力がわかる。

たとえば、10年間ずっと「日本は破綻する」と言っている著名な経済学者がいる。10年間ずっと破綻しなかったこと自体、その説が間違っていることの証左だと思うのだが、なぜかそういう批判は生まれず、いまだに本を出したりテレビに出演したりしている。まったく呆れるばかりだ。

たくさん本を出している人の説なら、なおのこと検証は簡単なはずである。本を読まずとも、ネットで人名検索するだけでも、その人が何を言ってきたかは簡単にわかる。

その人が過去に言ってきたことと現状を照らし合わせて、違っているところが多ければ、その人のことは信用しない。それだけでも、俗論に振り回されることはなくなるだろう。

手前味噌になるが、私の〝打率〟は案外と高い。といっても、天才的技能が高打率を生み出す野球とは違って、経済の場合は、別に大したことではないと思っている。私はすべてにおいて、検証可能な論じ方をしているだけなのだ。

対して、打率が低いものは、そもそも検証不可能な論じ方をしていることが多い。

私から見れば、検証不可能なほど根拠に乏しいのだから、そんなヤマカンに等しいものが当たるはずはないのだが、世間は飛びついてしまう。

知識は限られた人のものだが、感情は万人のものである。だから、残念なことに多少でも知識がないと読み解けないものより、感情に訴えるもののほうが、より注目を浴びてしまうのだろう。

そうした根拠に乏しい俗論に惑わされないようにするためには、ただ恐怖感をあおるだけで、検証不可能な言い方をしているものには目を向けないことだ。

これは、信じるか信じないかを判断する、もうひとつの基準である。

「大暴落」「沈没」「崩壊」に漂う〝うさんくささ〟

ある論調に接したときに、検証可能性、根拠の有無で判断するというのは、言い換えれば印象論に振り回されないということだ。

とかく日本のマスコミは、ものごとを印象で語りがちだ。腹立たしいことだが、雰囲気で視聴者を引きつけるのが非常にうまい。殺人事件や芸能ゴシップならすぐに思い当たるかもしれないが、このやり方は経済のような堅いニュースにもはびこっているのである。

たとえば「大暴落」「沈没」「崩壊」といったキーワードは、よく耳目にするだろう。

しかし何をもって「大暴落」「沈没」「崩壊」なのか、さっぱりわからない場合が多い。これもいわば感情に訴えるやり方といえるが、それに呑まれるほど、現実を見る目は曇ってしまう。

こと経済には、感情や印象で語っていい部分はない。

第1章で「経済動向は人々のマインドの変化によって変わる」と述べたが、これだって実質金利という数値に表れる。経済的事象はすべて数値で語ることができるし、だからこそ、数値的説明をともなわないものは、その時点で疑わしいのだ。

たとえば「暴落」という言葉を聞いたら、そこでは何％下がることを「暴落」としているのか、それははたして本当に「暴落」といえるのか、「暴落」なんてしないのではないか……と考えてみる。

単に雰囲気重視の抽象的な言葉に、惑わされてはいけない。

マスコミのあやふやな論調に惑わされないためには、このように、「それは本当か」「何をもってそう言っているのか」、あるいはいっそ最初から「これはウソなのではないか」と、疑ってかかる目を養っておくことだ。

ひとつの意見に疑いを持つと、自然と反対意見にも目が向く。どちらが正しいのか、自分で判断するところまでは、できなくてもいい。

大事なのは、自分のなかに相反する二つのロジックを持っておくこと、そうやってものを考える視野を広げておくことなのである。

国際比較ひとつまともにできない「半径1メートルの短絡思考」

視野が広いほど、マスコミのいうことを鵜呑みにする危険は少なくなる。井の中の蛙が外に出たとたん、その井戸の狭さを知るのと同じことだ。

マスコミは雰囲気で人を引きつけるのがうまいといったが、それは「わかりやすさ」という仮面をかぶっていることもあるから要注意だ。

たとえば、先にも触れた〝半径1メートル〟の話などはその典型である。

「衣料品の値段が下がっているからデフレだ」といわれれば、いかにも難しい経済の話を身近な例で、わかりやすく説明しているように思えるかもしれない。

しかし、そもそも物価を衣料品の値段だけで語ることが間違いなのだ。

衣料品の値段は下がっても、石油の値段は上がっているかもしれない。そのまた一方で車の輸出は増えているかもしれない。こういうさまざまな経済活動のトータルで、物価は決まる。

だから「衣料品が値下げしたからデフレ」というのは、難しい話を身近な例で説明しているどころか、半径1メートルの短絡思考によって、経済を見誤ってしまった説明なのである。

こういう短絡思考は、国際比較をしないということに通じる。半径1メートルのレベルでは、海外にまで視野が広がるはずがないからだ。

国際比較をすることは学者の鉄則ともいえ、学者の間では、「国際比較がない論文は読むに値しない」というのが常識になっているほどである。私も、学術論文はもちろん、一般向けの記事を書くときも、必ず国際比較を織り交ぜて書くことを旨としている。

海外の例が引いてあるものは、半径1メートルの世界よりもはるかに視野が広いぶん、より精度の高い論考である可能性が高い。

そもそも国内の、自分だって知っているようなことばかりをいくら読んでも知恵は広がらない。

わかりやすいかもしれないが、つまらないのだ。

タメになるという点はもちろんのこと、読んで面白いという点でも、国際比較のあるものに触れたほうがいいに決まっている。

その論説は「確固たる理論」の裏付けがあるか

先に、数値的な説明のないものは疑わしいと言ったが、数値が示されていても、データには要注意である。

データは、論者の見方に沿う部分だけを切り取って、都合よく使うことも可能だからだ。事実、データを引いて、さも根拠があるように見せているが、そのデータの切り取り方や使い方が怪しい、というものをよく目にする。

もし、データが示されていて、一見、根拠がありそうなものに触れたらそこで信じ込んでしまうのではなく、もうひとつ、たしかめてほしいものがある。それは、「経済理論」の有無である。

といっても、論者自身が昨日今日思いついたような、オリジナル理論では意味がない。

経済学は、先人たちから脈々と受け継がれてきている。40年もの検証を経て正しいと認められ、ノーベル賞受賞に至った理論もある。

そういう確固たる理論の裏付けがなされているか——簡単にいえば、理論名のひとつでも示されているかどうかを見ればいいのだ。

きちんとした理論かどうかは、ネットで検索してみれば一発でわかる。

私も、必ずたしかな経済理論に沿って考え、そこにデータを当てはめて考えるようにしている。

記事を書くときには、必ず理論名を明記する。私の予想の〝打率〟が高い理由を挙げるとしたら、このように理論とデータの両方を使って考えていること、それに尽きると思っている。

たとえばユーロについては、ずいぶん前から危機に見舞われると予想していた。はたして2011年にユーロ危機が起こり、私の予想は〝当たった〟わけだが、それはマンデルという人が考えた「最適通貨圏の理論」にユーロを当てはめて考えた結果、導かれたものにすぎない。

最適通貨圏に入るための条件のひとつとして、似たような経済変動になっていることがある。いまのユーロ圏の国々の経済変動をちょっと計算すれば、ユーロがその最適通貨圏の範囲を超えて拡大しすぎていることがわかる。

要するに私は、先人が確立した経済理論を、アップデートして考えているだけなのである。

長年の検証に耐えてきた理論は、時代を超えて正しい。その知恵を借り、なおかつデータも示されているものであれば、信用してもいいだろう。

ビジネスパーソンが知らない中国進出のリスク

現在、多くの日本企業が中国に進出している。

日本企業は中国進出リスクをどう考えているのだろうか。おそらく何も考えていないから進出しているのだろう。

国のかたちが違うという認識があまりないのかもしれないが、たとえば日経新聞が過去に中国がいいとあおっていたことがある。だから日経新聞を読んでいる大企業の役員などは、その情報を鵜呑みにして「中国は良いところだ」と思って進出するのかもしれない。

大企業の役員もサラリーマンだから、自分のお金を出しているわけではない。そのため、

中国へ進出する日本企業数の推移

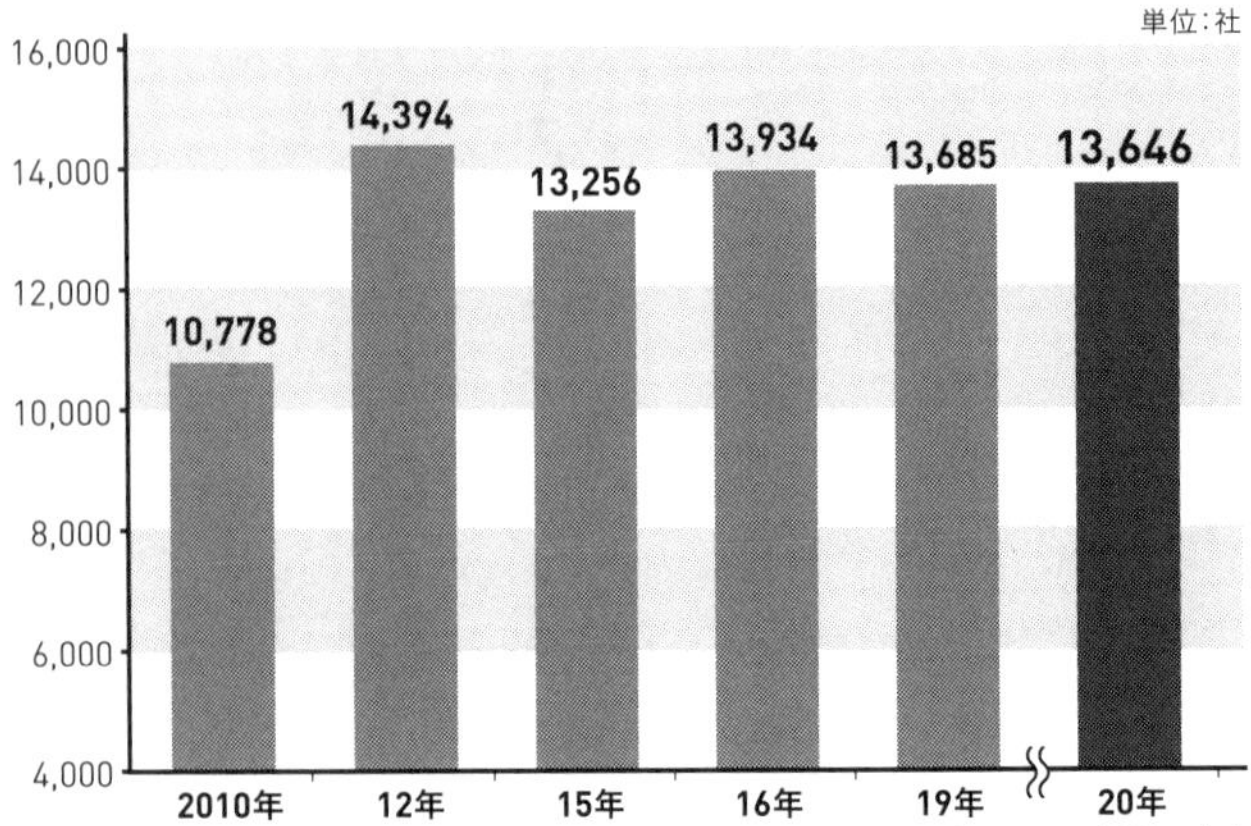

帝国データバンク資料より作成

自分が役員をしているうちに何をしてでも業績が上がればいいという短期的な思考になりがちで、先のことを読まなくなるのだ。

すごく先のことまで読んでいるのはどういう人か。それは中小企業のオーナーだ。中小企業はサラリーマン社長ではなく、自分でリスクを負って身銭を切る感覚がある。そういう人たちは案外、中国への進出には慎重だ。筆者にもよく「中国はどうですか？」と聞いてくるオーナーがいるが、最初に「中国は共産主義でじつは会社を個人が持てない。そこに出資するのだから、絶対に自分の会社にはならないしオーナーにはなれない」と伝えている。そうすると中小企業の人は「えっ？」という感じになる。

オーナーになれないというのはどういうことか、肌身で感じているからだ。

そうすると「資本回収はどうなるのか」「企業経営はどうなるのか」と聞かれるので、「それはできない」と回答すると、中小企業のオーナーはそこで躊躇する。

ところが大企業の役員たちにそんな話をしても、所詮自分のお金ではないから「オーナーになれなくてもいいや」という発想に至りがちだ。「どのくらいの期間、自分たちの自由にできるのか」と聞かれることが多い。そのときは「中国進出後に共産党が来ていろいろ指導をする。それでも1年、2年くらいは自由にできるかもしれない」と回答すると「それでもいい」という態度になる。

もし中国で儲かれば、その一部は日本へ持ってこられるが、投資分は基本的に回収できない。中国に投資しても自分の会社ではないからだ。そういう話をしても、大企業のサラリーマン役員は当面の間、利益が出せればいいと思っているから関係ない。大手メーカーの人たちはサラリーマン的で、短期的で、かつ当面の利益だけを考えて、投下資本がどうなっているのかまでは考えない人が多い。

ただ、新型コロナウイルスショックの補正予算で、もし日本に帰ってくるなら補助金を出すという話になったことで、さすがにみんな考え直すようになってきた。中国という共産党の国に投資するということがどういうことか。これはカントリーリスクの話で、投下資本が回収できないという話も浸透しつつある。

それでも大手には相変わらず、従来の流れに乗って中国に進出する人もまだいる。サラリーマンで自分の先輩がやってきたという事情があるから、それを否定しにくいという背景もあるのだろう。

サラリーマン社長というのは自分の保身を考え、先輩のしてきたことを否定しにくいという立場なのだ。日経新聞を読んでいる人にはそういう人が多いのかもしれない。

そもそも、なぜ日経新聞は中国礼賛記事を書いたのか。それは発想が短期的だからだ。経団連も短期的な人が多い。中国は人口が増えて経済が成長している。だから儲かりますよ、という話だけを喧伝してきた。

しかし、中国は共産主義の国だから、実態は日本とはだいぶ違っている。たとえばＩＴ大手のアリババなどを見ればわかりやすい。アリババも急に儲かって自由を訴えたら、習近平の逆鱗に触れてガツンとやられて、創業者の馬雲氏が一時行方不明になったとか、２カ月間公式の場に出なかったなんていうニュースまで流れたほどだ。そんな国で日本企業が成長するわけがないし、投下資本は回収できない。

仮に中国からすべて引き揚げることになれば、財産はすべて中国に持っていかれる。共産党の許可がない限り財産の持ち出しが禁止なのは当たり前で、多くの場合は投下資本をドブに捨てることになる。

いくら投資したのかは関係ない。共産主義は生産手段が国有だから、企業の売却手段もない。株式市場はいちおう存在するが、すべて共産党の統制下にある。証券会社はすべて国営だから株式市場はまともな価格になるわけがない。保有株式も資本規制があるから売却できない。だから中国からの脱出は容易ではないのだ。

資本規制というのは、共産主義国家にはよく見られる。生産手段を国有化しているから資本の流入を抑えると同時に、資本の流出も抑えているからだ。しかし、日本にもアメリカにも資本規制はないから、ついそういう感覚で進出してしまう。資本規制があるかどうかが自由主義との決定的な差で、資本規制がなければ共産主義にならない。

収益だけで投下資本を回収しようとしても大変だ。仮に年５％の利益率があったとしても１００％回収するのに20年間必要だからだ。

共産圏に投資してはいけないというのは常識なのに、最初に中国に投資した人がカントリーリスクなど何も知らずにやってしまった。それが連綿とサラリーマン社長のもとで続いてきたというのが実態だ。

〝まゆつば〟な中国のGDP

中国のGDPが発表されるタイミングは異様に早い。あれだけの大国なのに、なぜそんなことができるのか。筆者はまずそこを怪しく感じている。まるで誰かが先に数値を決めているかのようだ。

じつはGDPという〝統計〟はない。GDP統計とは、ほかのさまざまな統計を加工したものだ。そのためGDP統計が早く出るというのはじつは論理的にあり得ないのだ。国民の消費動向を調べて消費データを作る。また設備投資額は、実際に設備投資している人たちの統計を集めてようやくできる。貿易なら輸出額と輸入額を算出する。

こうしたデータをすべて集めてきて、あとでまとめて計算してようやくGDP統計というものができ上がる。だから世界のどこを見渡しても、中国ほど早く発表されるところはない。発表されるまでの期間の相場はひと月だが、中国はすぐに出るし、何なら基礎統計がGDPの発表後に出されたりする。だから何かがおかしい。

中国のGDPと成長率の推移

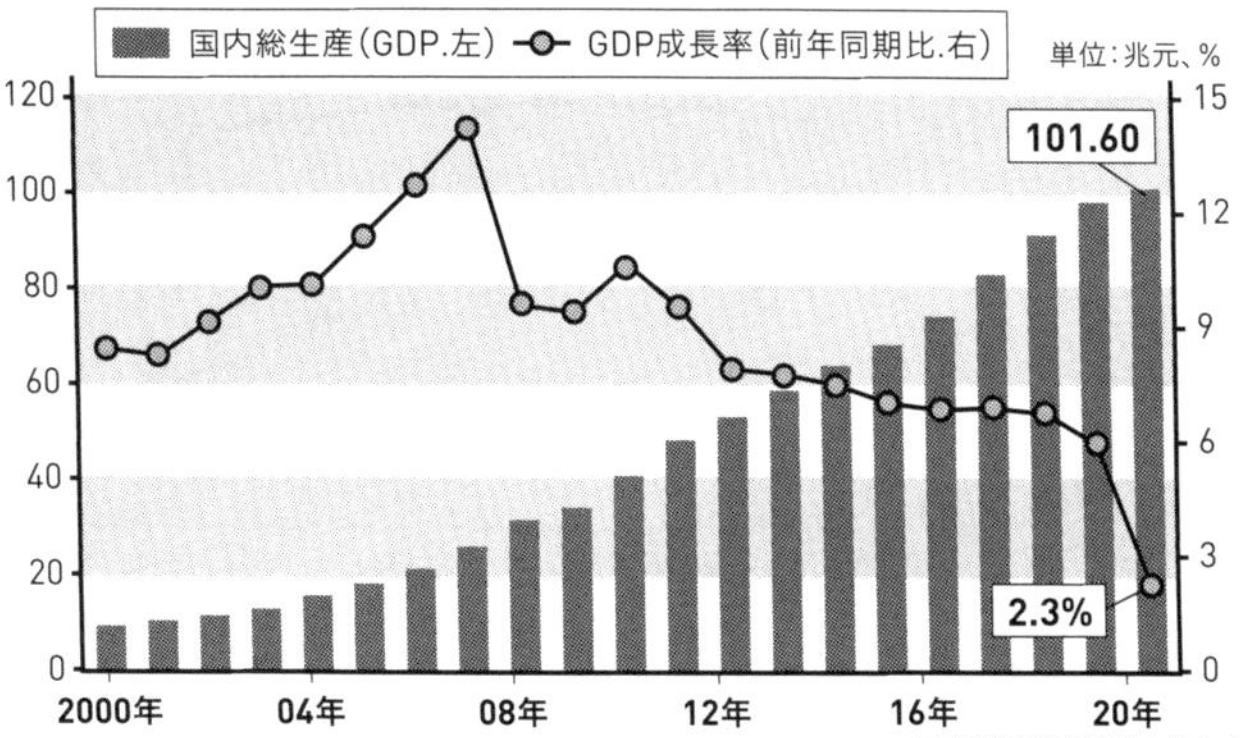

中国国家統計局資料より作成

筆者がかつて『中国ＧＤＰの大嘘』（講談社）という著書を発表したら、ある中国学者からものすごく批判を受けた。彼は筆者が勤める大学にまでわざわざやってきて「髙橋はウソをついている」と抗議した。大学側はきちんと対処しないといけないから、委員会を設置して検証しないといけなくなる。こちらは何もウソはついていないから、ただ単に「こういう推計データからおかしいと述べている」という説明をするだけなのだが。

いずれにせよ中国の統計自体が信じられない。中国は２０２０年７月から９月のＧＤＰ成長率が４・９％だったと発表していた。たしかにＶ字回復にはなっているが、不思議だ。成長率は底まで下がればそこから上がるのは当たり前で、これを死んだ猫でも叩きつければ上がるという意味で「デッド・キャット・バウンス」という。

中国はもともと6％成長していると言っていたが、そこが怪しい。筆者は著書で推計する際に輸入の統計データを重視している。

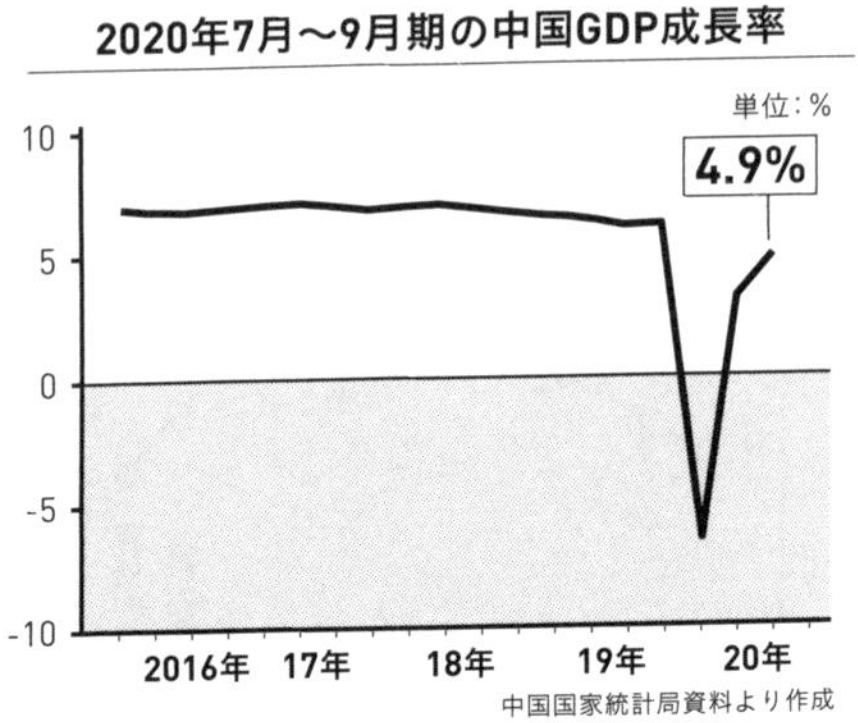

2020年7月〜9月期の中国GDP成長率

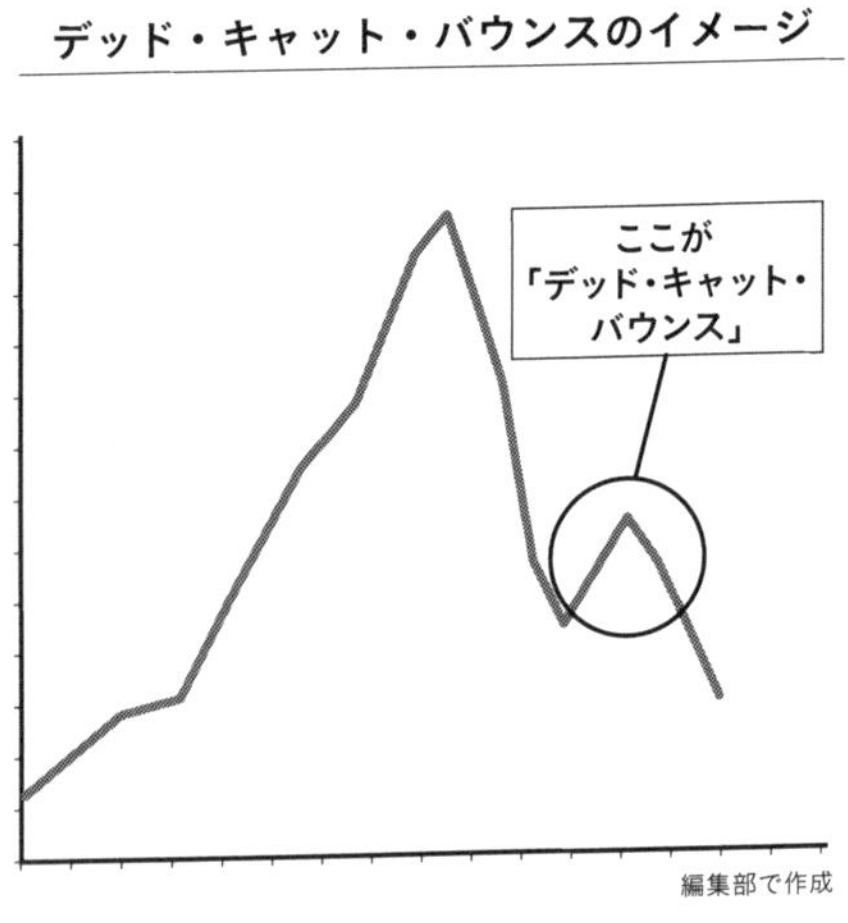

編集部で作成

中国の輸出入の推移

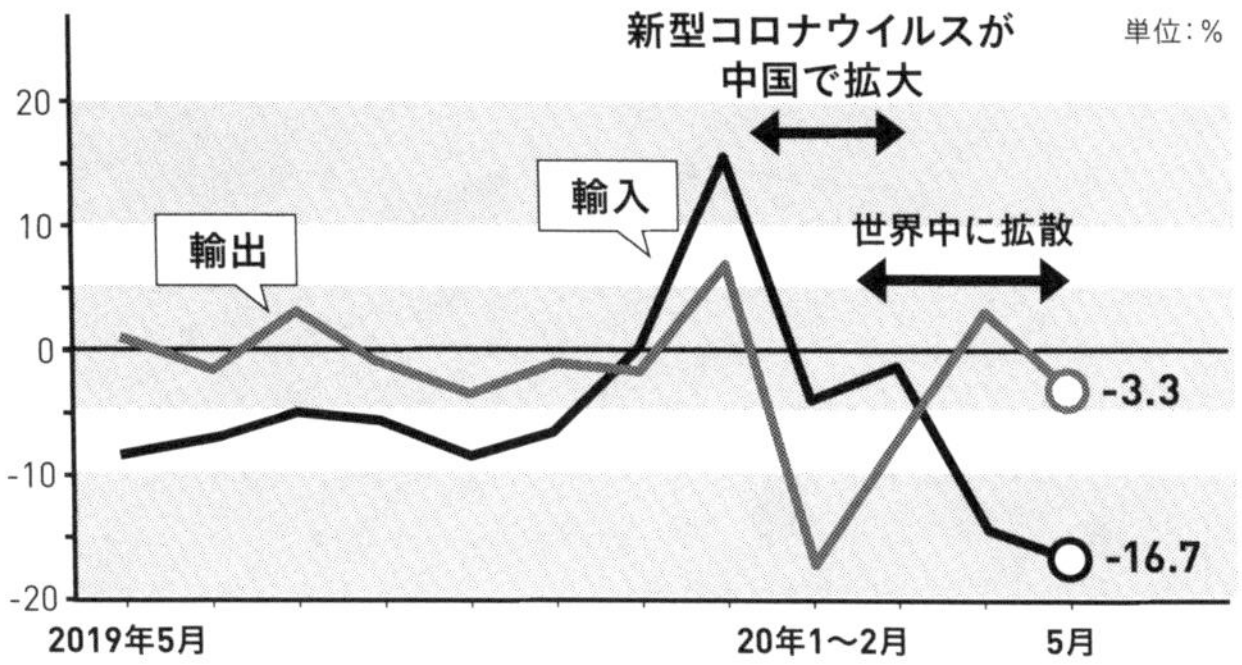

中国税関当局資料より作成

海外品を消費するとそれが輸入になる。では消費というのはどうやって起こるのか。これは経済理論だが、所得が大きい人のほうがたくさん消費をする。人によって違うが、平均的には所得の7割くらいを消費していて、残り少しを貯蓄に回す。所得が伸びれば消費も伸びるし、同時に海外品の輸入と消費も伸びる。

だから輸入の伸び率を見ていれば、ある程度全体の所得の伸び率がわかるのだ。それに輸入統計はウソをつきにくい。中国の輸入統計は、実は世界各国の中国向け輸出額を足し算するとだいたい同じになるからだ。他国のデータとの整合性を検証すればいい。

そのデータを見ると、中国は輸入がずっとマイナスなのだ。そこから経済成長率はプラスではな

中所得国の罠

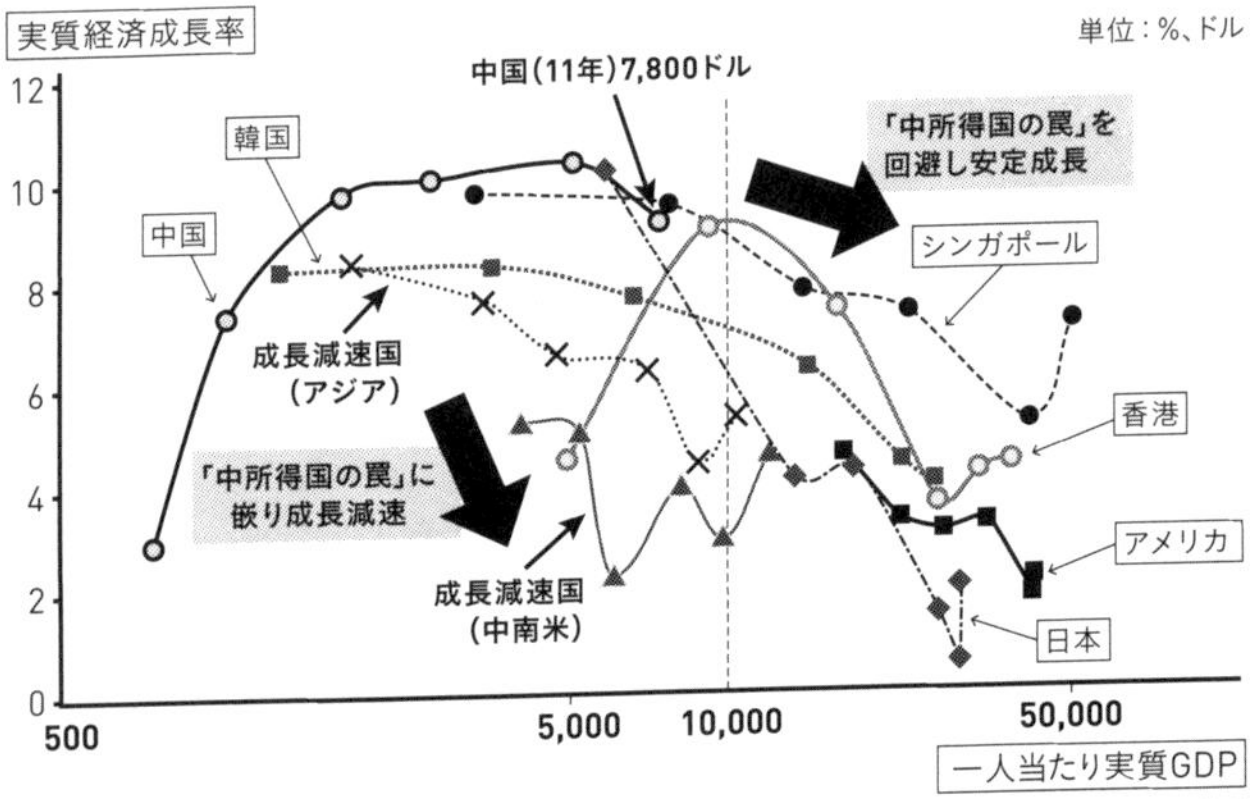

い、少なくとも6%もいかないというのがわかった。

今後、中国経済はどうなるのか。新型コロナウイルスショックで世界経済が落ち込み、中国が先んじて復活したのは事実だろう。世界に輸出して儲けているはずだが、相手国は所得が落ち込めば輸入しなくなる。だから欧米経済が回復しないと中国も困るのだ。

アメリカとの貿易でも中国は痛めつけられているし、ファーウェイなども大っぴらに海外で商売できなくなっているから、中国は苦しくなる。

中国人は日本で爆買いしていたから、裕福な人が多いというイメージもあるだろう。

たしかにバブル経済の側面はあるが、これは「中所得国の罠」という開発経済学による概念が関係してくる。

どの国も、国民一人あたりGDPはだいたい１万ドルくらいまではいく。中国は２０１９年時点で約１万ドルだった。この法則に当てはまる国は非常に多い。だが、１万ドルに達すると、なかなかそこから上にはいけず、天井にぶち当たって落ちる。それが罠といわれるゆえんだ。

なぜそうなるのか。天井を越えるにあたって社会的な構造改革をしないとうまくいかないからだ。特に、民主主義でないと、産油国でもない限り、一人あたりGDPは１万ドルを超えない。実際、この「１万ドルの天井」に直面して跳ね返された国は多い。逆に言えば、その天井を突き抜けた国はほとんどなく、韓国とサウジアラビアくらいしかない。サウジアラビアは資源があるからだろうが、韓国は社会の仕組みが自由主義だったからといわれている。ロシア、アルゼンチン、トルコ、ブラジルなどはみんな１万ドルの天井に跳ね返された。

日本の場合、戦後の高度経済成長時に天井を突き抜けている。勤勉な国民性など、普通の経済テキストにあるような天井をクリアできる条件を満たしていたからだ。瞬時に超える国はいくつかあるが、20年、30年にわたって1万ドルの天井を越え続ける国は、じつはほとんどない。

中国がたまたま調子が良かったのは、ちょうど1万ドルだったからで、これから10年後を考えたときに、いままでのように順調に発展すると思う人はほとんどいない。特に、一党独裁の中国が民主化するとは考えられない。ある程度民主化されていた香港を中国本土並みにするというのは、民主化を否定したにも等しいことだ。

経済発展しているとバブルは起こりやすいが、中国の場合、そのときの統計をごまかすことができる。日本も昔、高度成長の最後にバブルが起こったが、当時は不良債権なんてないとみんなが言っていた。不良債権があるかないかを認定できるのは政府だけだから、ごまかすことは可能なのだ。

のちに明らかになるのは、バブルがはじけたら失業者が増えるという現象だ。普通の国ならそれでわかるし、1万ドルの天井以降は不良債権の話が顕在化しやすいが、中国は失業統計がないから経済成長の負の側面であるバブルを隠したり、ごまかしたりするのは簡単なことだ。

いずれにせよ、中国では人件費も上がってくるから、中国に進出するメリットがなくな

上海市の最低賃金の変遷

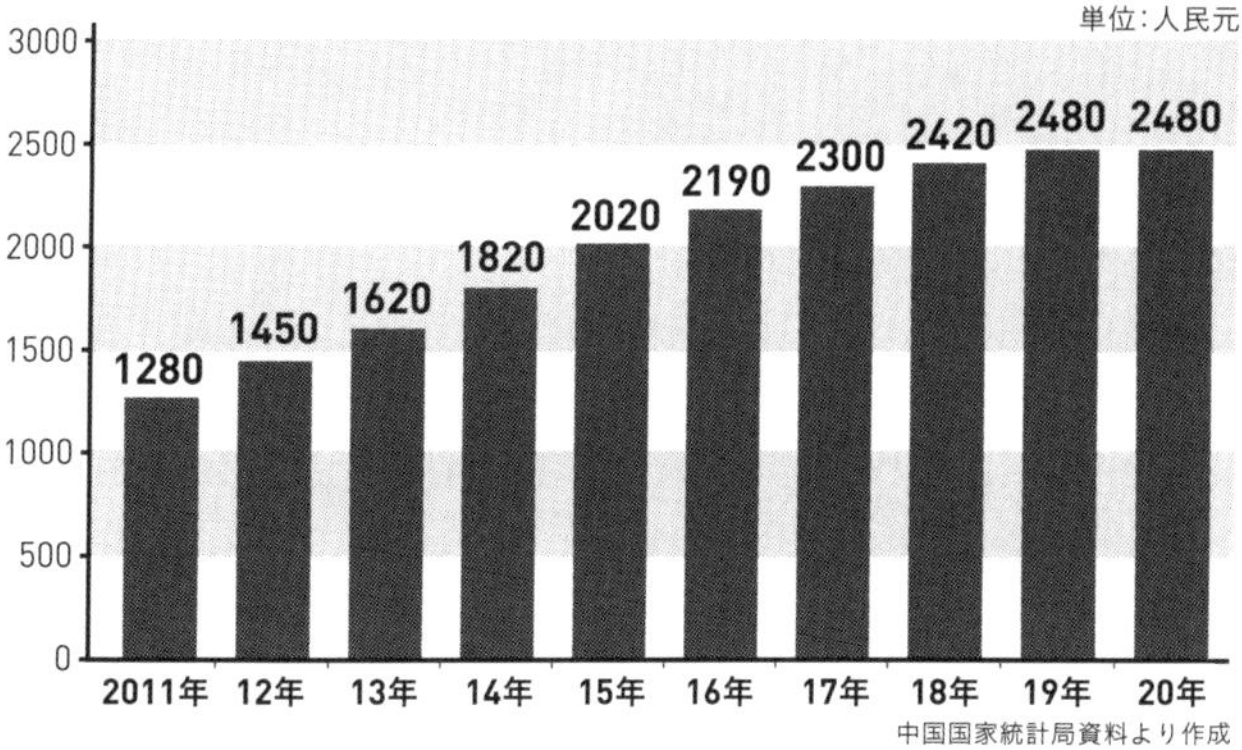

中国国家統計局資料より作成

ってきてベトナムなどに拠点を移す外資系企業も増えてきた。だから中国はこれから1万ドルの天井を突き抜けるのが大変だ。とくに共産党の一党独裁で構造改革が起こりにくいから、これ以上の成長は難しいと考えるのが普通だ。中国経済を見るときには「中所得国の罠」が一つのキーワードになることを覚えておこう。これから5年、10年後くらいに中所得国の罠にはまった中国が見られると思う。

中国は経済成長のなかでアフリカ援助などもしてきたが、中所得国の罠にはまると違う展開になるかもしれない。アフリカは基本的にかつての植民地で、旧宗主国がなかなか手を出さなかったところを中国がうまくついたが、その裏ではアフリカを中国の経済圏にしたいという思惑があったのだろう。

一帯一路もその延長だが、中所得国の罠を超えられなければこういう援助システムもうまくはいかないない。そもそもいまでも一帯一路はうまくいっていないし、それと両輪のアジアインフラ投資銀行（ＡＩＩＢ）もうまくいっていないのが実情だ。

第5章　読者がこれからすべきこと

「俗論の鵜呑み」では何も進歩しない

「考える力」が問われるようになって久しい。

インターネットが普及し、いろいろなことが手軽に調べられるようになったいま、「知っていること」自体にそこまで価値がなくなってしまった。知識や情報を使ってどのように考えるか、それらをどのように問題解決に役立てるかという、より高度な力が当たり前のように求められている。

情報化社会は便利であるぶん、個人個人が社会の発達度についていかなければ振り落とされてしまうという、シビアな一面があるということだ。

しかし、見方を変えれば、こうも考えられるだろう。

知ることがこれほど手軽でない時代だったら、情報がないばかりに、お上の論理にからめとられ、マスコミが流す俗論を鵜呑みにするしかなかったに違いない。それがいまや情報へのアクセスが格段に広がったおかげで、自分の頭で考えることもできるのだ、と。あとは自分次第である。

かつては世界銀行のデータベースひとつあたるのでも、高価な統計書を買わなければならなかった。それが、いまはネットで一瞬にして調べられる。しかもタダである。

このような恵まれた時代に、自分の頭で考えないのは、非常にもったいないことではないか。

経済については、「知識のない人」や「正しい情報を得ようとしない人」のほうが圧倒的に多いから、知識や情報があるだけで、かなりの差が出る。

しかし、いくら知識や情報があっても、やはり自分なりに考えを広げていく力がなければ、単に「知っているだけの人」で終わってしまう。

これまで、経済の基礎知識から、実際の経済政策や経済動向の見方、官僚やマスコミなどの質の低さについて話してきたが、この本の目的は、本章にある。

スポーツと同じで、思考にも訓練が必要だ。

何も「学者クラスの高度な思考をせよ」と言っているのではない。まずは本章を参考に、「考えるクセ」をつけることから始めてみてほしい。

「自分の納税額すら知らない」オメデタさ

前から思っていたのだが、日本人が経済にうとい理由のひとつは、多くの人が自分で納税の手続きをしていないからではないか。

会社員は、所得税、住民税から社会保険料に至るまで源泉徴収（給料という〝源泉〟から税金が徴収されるということ）されて、会社が代わりに納めてくれる。自分で計算したり書類を作成したりしなくていいから楽ではあるが、「納税している」という意識を持ちにくい。

給与明細を見れば税額は明記してあるが、会社員のなかには、手取りの金額しか見ていない人もいるのではないか。そうなると「自分たちの血税を使って」と口では言ってみても、どうも実感が薄く説得力も弱くなる。

私にいわせれば、これは最低最悪の国民意識である。

自分の払っている税額を知らない人には、国の経済政策をうんぬんする以前の問題がある、とまで思ってしまう。

納税の手続きを会社が肩代わりするシステムというのは、国にとっては都合がいい。国民の納税意識を低く抑えることができれば、税の使い道についても鋭く突っ込まれることがなくなるからだ。

為政者としては、国民は無知で愚かなほうがいいのである。

『論語』に「由らしむべし、知らしむべからず」という言葉がある。

本来は「人民を為政者に従わせることは簡単だが、その施政の道理を人民に理解させるのは難しい」という意味だ。

そこから転じて「為政者は人民を従わせればよく、その施政の道理をわからせる必要はない」という意味になり、昔から為政者の心得とされてきた。

この心得を、会社が納税の手続きを肩代わりするシステムに当てはめれば、端的に、為政者は国民に税金を納めさせればよく、その使い道や使う理由を理解させる必要はない、ということになる。

毎日がんばって働いて、その税金でもって国を支えているというのに愚民として扱われているのだ。悔しいと思ってほしい。

私は公務員時代からいままで、ずっと自分で確定申告をしている。

自分で計算して税額を出し、書類を作成するのはひと手間ではあったが、いまはネット申告ができるからかなり楽になった。

何より自分で計算して納税するというのは、なんとも気分がいい。国民としての義務をきちんと果たしていると実感できるし、学者としてというよりひとりの納税者として、税金の使い方に堂々と物言う資格があると思えるからだ。

あなたも自分で確定申告をすれば、いやおうなく納税意識は高まるはずだ。自分の稼ぎから払った税金だと実感できればこそ、おのずとその使い方に対しても、鋭い視線を投げかけたくなるに違いない。

経済について、自分の頭で考えるコツやポイントはいくつかあるが、手始めに自分で確定申告するようにして、納税意識を高めるのもいいだろう。1カ所からの給与所得以外に収入があれば確定申告せざるをえない。いっそのこと、副収入を持ってもいいだろう。

いまから自己申告にするのが難しければ、せめて手取りの金額欄よりも、給与明細の税額欄に熱心な視線を注いでみてほしいものである。

「ふんわりした理解」が誤解を招く

さて、ここからは具体的に、自分の頭で考えるためのコツやポイントをお話ししていきたいと思うが、基本的にはこれまで述べてきたことから導かれるものばかりである。

まずいえるのは、言葉の意味をきちんと知ったうえで考えよう、ということだ。「何となく知っている」という程度ではダメである。

きちんと明確かつ厳密に言葉の意味を理解していないと、スタート地点でのちょっとのズレが、結果的に大きな間違いにつながってしまう。

日本の新聞は購読するだけムダだと言ったが、それでも読むという場合には記事に出てくる言葉のひとつひとつが、自分のなかで「ふんわりした理解」で止まっていないか、気をつけたほうがいい。

かの大哲学者が「無知の知」と言っているように、自分が「知らないこと」を認めている人は伸びしろが大きい。知らないからこそ、知ろうと思える。知るための労力を惜しまない。それでこそ、思考力が磨かれるのだ。

反対に「知っているつもり」「わかっているつもり」が一番よくない。「つもり」はたいていの場合、「そこまで知らない」「そこまでわかっていない」に等しいからだ。そのままでは三流の思考止まりだと思ったほうがいい。

私だって、記事などでは結構ズバズバ指摘するし、すべてを知ったような顔で横柄な学者だと思われがちだが、つねに研究している。

まだまだ知らないことばかりだと、自分でわかっているからだ。

そして、「なぜ」と聞くようにしよう。私は授業中に質問する学生を高く評価している。何がわからないかがわかっていないと、質問できないからだ。

「勉強」の意味を取り違えている日本人

日本人は、勉強しようという意欲がとても強いと思う。

といっても、褒めているのではない。むしろ勉強熱心のあまり、俗論を簡単に信じ込んでしまうのではないかと思うのだ。

こと日本人にとって勉強というのは、教壇に立つ先生から教えをいただくというニュアンスが強い。

こうした、幼いころに刷り込まれた「教師―生徒」という意識を、大人になっても引きずっているために、本を読む際にも疑いを持つということがあまりないように見える。「本には正しいことが書かれている、さあ熱心に読んで賢くなろう」というスタンスが強いのではないか。

私にいわせれば、これは本当の意味の勉強ではない。

勉強とは、相手が論じている内容を妄信したり、鵜呑みにしたりすることではなく、あくまでも自分の頭で考えるための糸口になるべきものだと思うからだ。

読書にしても、何のために本を読むのかといえば、考えるための知識を得るためである。

本で勉強したことを足がかりとして、自分の頭で考えてこそ、本当の勉強といえるのだ。

本書だって、私は最終的には読者にとって考えるための糸口をつかむものとなるように書いているつもりだ。

私の学問的ルーツである数学では、教科書で基礎理論を学んだら、あとは自分次第というところがある。ひととおり学んだら自分の論文を書けといわれてきたし、人の論文は批判的に読むように鍛えられてきた。

考えるという行為は、どこまでいっても自分だけの孤独な作業である。もちろん楽しみのために読む本は別だが、本から基礎知識を得たら、あとは自分でがんばって調べて考える。それしかないのである。

そもそも、「流行っているから読んでおこう」とばかりに話題書に手を伸ばし、手っ取り早く答えを得ようとするから、間違った俗論を鵜呑みにすることになるのだ。

せめて手に取るのなら、先に述べたように「本当だろうか」「ウソじゃないだろうか」と疑ってかかる姿勢で読むことである。

これからはやっぱり「英語」が重要だ

ここまで読んできて、私がしばしば外国の例を出していることに気づいた読者も多いことと思う。

私が最も軽蔑する〝半径1メートル〟の世界にとどまっている限り、物事を正しく見ることはできない。つねに広い視野を持つ、そのための手っ取り早く効果的な方法が、外国の例を参照することなのだ。

これは言葉の意味ひとつとってても同じことがいえる。

たとえば「デフレ」の正しい意味が、「一般物価水準の持続的下落」であることは先に説明したとおりだが、そのデフレが起こること＝不景気になることだと思っている人は多いのではないか。

デフレは、英語のdeflationを日本語風に略した言葉だ。ここまでは知っている人も多いと思う。では、これとは別にdepressionあるいはrecessionという言葉があることを知っているだろうか。

これらこそ「不景気」という意味であり、deflationとは明確に使い分けられている。物価の下落と景気の悪化は、まったく違う概念なのである。

「デフレ」というと暗い、悪いイメージを抱く人が圧倒的に多いと思う。

それは単に物価が下がることと不景気になることを混同し、それこそ「ふんわり」とひとくくりにしてとらえているからだろう。

しかし、そもそもdeflationとは前年に比べて物価が下がった、という相対的概念にすぎない。

たとえばハイパーインフレ状態から下がったときでも、それはdeflationと表現されるのだ。もちろん猛烈なデフレ状態になれば不景気になるだろうが、決してイコールではない。

日本語でものを考えている限り、半径1メートルに陥る危険はつねにあるが、単に言葉を英語に置き換えてみるだけでも、ぐっと視野が広がる。単語ひとつ調べるくらい簡単だ。辞書を引くまでもなく、ネット検索で瞬時に調べられる。便利な世の中である。

これで海外の例を参照するだけでも、かなり視野が広がることはわかってもらえたと思う。

となると、やはり英語は勉強しておくものである。

英語が苦手だという人がいるが、それは単に恐怖心があるだけではないか。じつのところ、英語ほど得手不得手が分かれないものはないと思う。

理系の学問は数学センスの有無によって出来が分かれるが、英語なんてしょせんは言語なのだから、勉強すれば誰だって多少はわかるようになる。そのように気楽に構えれば、恐怖心なんて消えてしまうはずだ。

別に「ネイティブ並みに話せるようになれ」と言っているのではない。多少、語彙力をつけておく。基本的な文法知識を頭に入れておく。

センスを要するものは、センスのない人がいくら勉強してもできるようにならないが、さほどセンスを要さないものなら、勉強すればするほど結果が出る。

英語は、そういう科目だと思う。費やした時間を、決して裏切らない。

「天下り」は英語で何という？

言葉とは現実を映し出す鏡のようなものだ。

原初的な話をすれば、ある現実があるからそれに対して言葉が与えられる。そこを出発点とすると、小さな言葉ひとつからいろいろな現実が見えてくる。

先のデフレ＝deflationと不景気＝recessionにしても、物価の下落と不景気とはまったく別の現象であるからこそ、それぞれ言葉があるのだ。明確に概念を使い分ける必要があるから、違う言葉が生まれたのである。

ちょっと哲学的な話になってしまったが、それほど言葉とは重要で慎重に扱わなければならないものなのである。

定義を決しておろそかにしないこと、軽々しく用いないことを、自分の頭で考える大前提としてほしい。

さて、どんな言葉でも、より理解を深めるためには「英語で何というかを調べること」だといったが、いくら調べても、その日本語にあたる英語が出てこないことがある。

たとえば「天下り」だ。

これは英語にはない言葉である。外国人に天下りについて話すときには、東京オリンピック招致プレゼンのときに滝川クリステルが言った「O／MO／TE／NA／SHI」のように、「A／MA／KU／DA／RI」という。

あるいは冗談半分で「decent from heaven（天国からの降臨）」などと言うが、もちろん、このひと言では何のことかさっぱり伝わらない。

先ほど言ったように、言葉は現実を映し出す鏡のようなものなのだから、アメリカをはじめ世界の大半の国には、「天下り」に類する現実がないのだ。そもそも現実に存在せず、「天下り」という概念そのものがないのだから、言葉が生まれようもない。

私が知る限り、「天下り」にあたる外国語の単語はフランス語の「pantoufle」くらいだ。これは「スリッパ」という意味で、役所から横滑りして企業のポストに収まる、という意味合いである。

アメリカではリタイアした役人は自分で仕事を探すのが普通だ。だから「Amakudari」

が何であるかを説明すると、「非常にアンフェアだ」と驚かれる。要するに「天下り」にあたる英語はないことを知ると、それが日本特有の、しかも恥ずべき悪弊だということがわかるのだ。

このような手法が使えるのは、単語レベルにとどまらない。

たとえば、東日本大震災のような災害後に増税するという経済政策は、はたして海外でも行われていることなのか。

こういうことも、英語に置き換えてネット検索してみればいい。natural disaster（自然災害）、tax increase（増税）などと入れて検索し、ヒットすれば「行われている」、ヒットしなければ「行われていない」ということだ。

ネット上には、英語の情報が山ほどある。

しかしこの場合はほとんどヒットしない。つまり世界を見ても先例を探し出すのが難しいくらいに、異例のことをやろうとしたということだ。

持ち家はリスク、「賃貸」が賢い選択

一般的に日本人は持ち家志向が強いといわれている。

賃貸と持ち家ではどちらが賢い選択か。これは簡単な話で、何も資産のない人は賃貸のほうがいい。持ち家にはリスクがあることを考えていない人が多い。筆者のように東京生まれで、昔から土地を持っているような人なら家を持つのはいいと思うが、資産が何もないのになぜわざわざ家を持つのか。

家を持つにはお金が必要だ。そのお金を使わずに、ただ持っているだけでは価値が下がるといってもそれはたかが知れている。でも土地の価値は下がるときは本当に下がる。仮に1000万円で土地を買うとする。将来にわたってその土地が1000万円である確率はほとんどない。上がる可能性もあるというのは、いままではそうだっただけで、これからは下がる土地もたくさん出てくるだろう。

なぜ土地の価値が上がると思ってきたのか。それは単なる土地神話で、高度成長とともに上がっていたからそのように思いこんでしまったというだけだ。土地になぜ価格がつく

日本の持ち家数と比率の推移

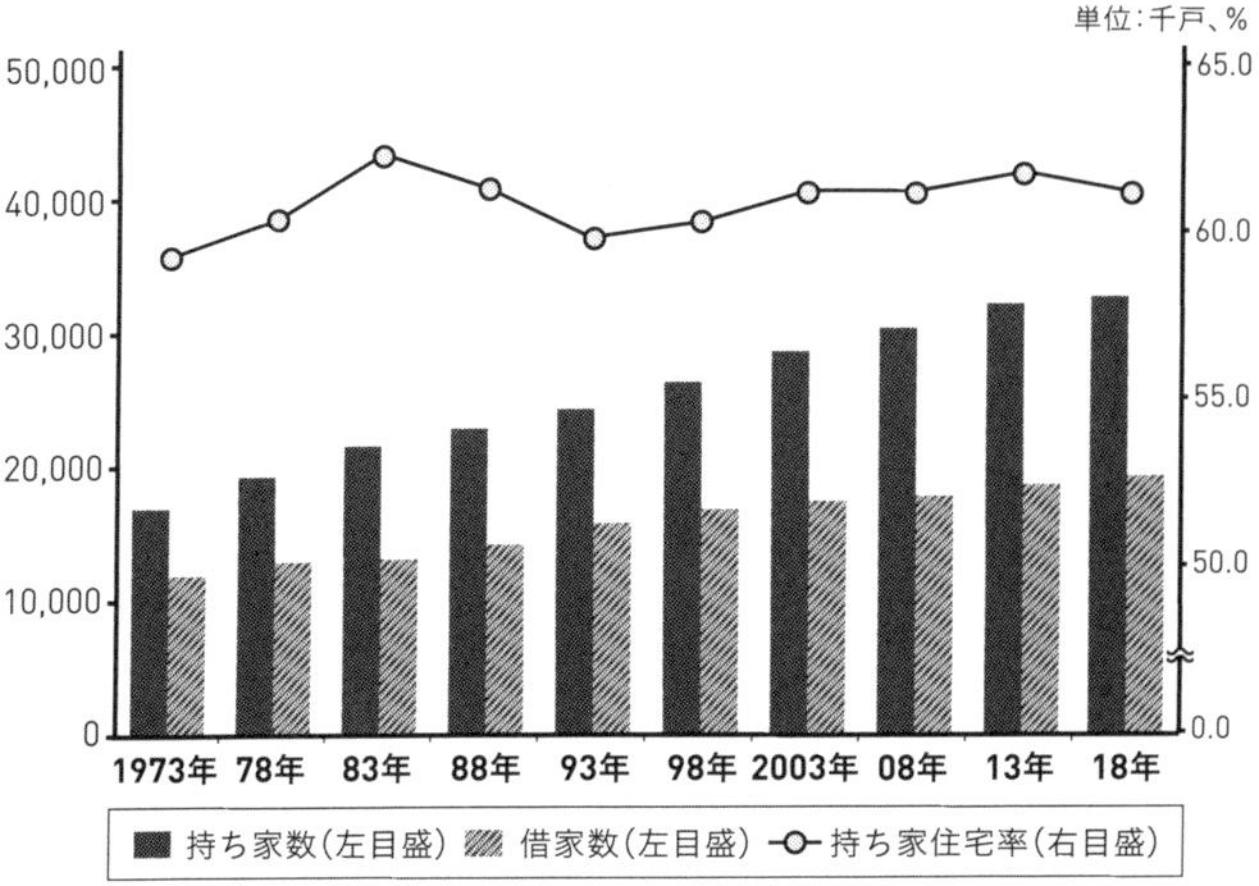

総務省「住宅・土地統計調査」より作成

のかというと、それを利用してなんぼの世界で、利用する企業がたくさん出てくればその分、価格が上がるから。つまり経済活動が上向けば価格も上がる傾向にあるが、これからはそう簡単にはいかないだろう。

たとえばリモートワークがもっと普及すれば、都心に住む家なんて不要になる。地方にいながら都心にいるときと同じ仕事ができてしまう。そうなると東京に来る人も減る。だから土地の価格は下がるだろう。地方には土地がたくさんあるから、それで価格が上がることもほとんどない。

もちろん業種によってはリモートワ

ークができない人もいるから、そういう人は都心に家を持つこともあるかもしれないが、地方の人はわざわざ仕事で東京には来ず、遊びで来ればいい。何も家を建ててまで住む必要はない。

いまローンを払っている人は最悪だ。土地の価格が高かったときに買っているはずだから、たくさんの借り入れがある。そこで価格が下がったら大変だ。だいたいは自分の給料でローンを払いきれなくなり、最後は土地を売るというパターンになる。こういうときは取り立てがけっこう厳しくて、土地を手放さざるを得なくなる。

仮に1億円の土地で1億円の融資を受けたとすると、土地が5000万円になったら返せなくなる。家を買う人はそういうリスクがあるということを覚えておこう。

ただ住むだけなら借りているほうが楽だ。賃貸のほうがローンよりも月々の支払い額が大きいという人もいるだろう。家賃はどう決まるかというと、土地の価格である程度決まる。大家の手取りが少なくなれば、家賃を払うのと土地を買って月々に支払う金額はあまり変わらない。大家の手取りがすごく大きいようなら、たしかに土地を買ったほうが少しは得になるかもしれない。

だからあとは大家があこぎに家賃を取るかどうかになるが、これだけ賃貸物件が多ければ競争も激しいし、大家の取り分はたかが知れている。

そう考えると、持ち家のリスクの方が大きくなる。だから持ち家を持たないというのが基本だ。地方から来る人に限って持ち家の方がいいというが、訳がわからない。都心に土地を持っていなくて、地元に土地があるなら、なぜわざわざ二カ所も持つのかと思ってしまう。日本人なら土地は一つで十分だ。

ローンを払っている人は気の毒で、これから土地の価格が下がらないように祈るだけだ。もし土地の価格が下がれば、ローンを貸している金融機関からすれば担保価値が下がるのと同じだから、追加支払いを求められる可能性もある。担保価値が下がれば追加で担保を差し入れろという言い方になる。たとえば１億円の土地が５０００万円まで価値が下がれば、差額の５０００万円分の担保を差し入れなければならなくなる。

このときにもし担保を入れられなければ、金融機関からすればローンを払えない可能性が出てくるわけだから、土地を差し押さえてローンを返済させるという可能性もあるのだ。貸している側が負っているリスクを、借りている側も考えておかなければならない。

だから、お金を借りてのんびりやっていられると思うのは大間違いで、借りているのは企業経営と同じで大変なことなのだ。返済が滞ったらいろいろ言われて土地を取り上げられることは十分にある。

いまのうちなら持ち家を売却してローンを返済し、賃貸に住むという手もある。貸している側からすると借りている側はいい収入源になるから、簡単にそうはさせない。

他の金融機関から借り換えを勧誘されることもあると思うが、それは魔の誘いだ。相手が儲かるからそう話すに決まっている。彼らは身ぐるみはいでも自分たちが儲かればいいと思っているのだ。良心的にやっているわけではない。

不動産価格の変動リスクを抱えてお金を借りるとは、ずいぶん立派な人だなと思ってしまう。借り換えるくらいなら売却して賃貸に住んだほうが楽になる。変動リスクを抱えなくて済むからだ。住みたいだけなら賃貸のほうが楽。お金が有り余って使うことがないならいいが、お金がかつかつでローンをわざわざ組まないといけないような人なら、そんな大きな買い物をしなくていい。これがたとえば車のローンなら数年で終わるから、大きな問題にはならない。住宅ローンは35年などすごく期間が長いから、それだけリスクの度合いが大きくなる。

知らなければ損する「デジタル通貨」

デジタル通貨とは抽象的なものだからわかりにくい。役人はこういうのがすごく苦手だ。そもそもデジタルとは何かということになる。クレジットカードや電子マネーを使っている人から見れば、さほど変わらない。ただ、お札でお金のやりとりをしたい人には何が何だかピンとこないだろう。お札はデジタル通貨ではない。一方でクレジットや電子マネーもある意味でデジタル通貨ともいえる。

日銀がデジタル通貨を発行するという話が出ているが、これは福澤諭吉（紙幣）の代わりにデジタル通貨を出すということだ。

通貨はそもそも紙だから信用があると思っているかもしれないが、クレジットや電子マネーで決済できるから紙がなくても同じことだ。むしろデジタル通貨にすると、すべてデジタルで処理されるから手続きは楽になる。しかし、お金といえば現金をイメージする人からみるとすごくわかりにくい。

中国もデジタル人民元を進めているが、やっていることは日本と同じ。お札だと誰が持

デジタル通貨

電子マネー

- 交通系（Suica、PASMOなど）
- 商業系（WAON、nanacoなど）
- 通信系（au WALLET、iDなど）

仮想通貨

- ビットコイン
- イーサリアム
- ディエムなど

CBDC（中央銀行発行デジタル通貨）

編集部で作成

っているかわからない。デジタル通貨だとそれが把握できる。

　こういうのは最初に仕組みを作った者がイニシアチブを握る。クレジットカードはだいたいVISAかMastercardで他のブランドは皆あまり使わないと思うが、ビジネスでは一番初めに慣れ親しむ存在になれれば優勢になる。

　だから中国には、デジタル人民元によってドルに取って代わりたいという思惑があるのだろう。デジタルなら人民元を日本円に変換することも簡単だから、日本人がデジタル人民元を使うようになれば、ふところ具合を中国にすべて見られるようになってしまう。

　そうなるくらいなら、日本も対抗手段に打って出たほうがいい。国の安全保障を考えたらなるべく自前でやったほうがいい。そのときに中国の人民元のプラットフォームがあって、日本に円のプラットフォームがなかったらまずい。

仮想通貨もデジタル通貨と同じだ。すでに日本でもビットコインで買い物ができる店はそこそこある。それと同じく人民元がビットコインのようになる。現在の民間のビットコインなら大々的に広がることはないだろうが、デジタル人民元は国家規模の取り組みだから大々的に広がる可能性がある。

だから日本も早く手を打つ必要がある。加藤勝信官房長官が「日銀もデジタル通貨を頑張れ」と言ったから、日銀はいま大慌てしている。なぜなら、こんなのさっぱりわからないという人たちばかりだからだ。

日銀は東京大学出身者が多いが、いくら東大でも文系の人間はこういう話がわかっていない。これは役所も同じで、何だかわからないうちに話が終わってしまうというパターンになる。じつは20年以上前にデジキャッシュなどといって暗号通貨、仮想通貨の実験をしていたことがあり、筆者は喜んで実験者に名乗り出たこともあるが、いつの間にか終わっていた。

こういう話がパッと進まないのは、担当者が中身を理解していないからだ。だからいつも「実験します」が口ぐせで「来年度からやります」なんて寝ぼけたことを言っている。

そんなに時間がかかるものではないから早くしろと言いたい。

すごく簡単にいえば、デジタル通貨の原理自体はビットコインで確立されている。ビットコインをまねたものはすでに山ほどある。だからビットコインのシステムをコピーしてきて、少しだけ変えればすぐにできるはずだ。

ユーザー視点で考えれば、ビットコインもクレジットカードも電子マネーもほとんど同じ。筆者はキャッシュレス人間だから、なぜみんなお札を持つのか不思議だ。お札を一度顕微鏡で見てほしい。ばい菌がうようよしている。なぜこんな汚いものをみんなが好むのかわからない。以前は地方に行くとタクシー代の支払いが大変だったが、最近はクレジットカードでもOKのところが増えてきたから安心して乗れる。小銭を渡されるのが一番嫌だ。ばい菌の塊だからで、誰が触ったかわからないからすごく汚い。

もちろん筆者も1万円くらいは現金を持っているが、いつでも現金を持っていたほうが何となく安心できるというのは単なる思い込みで、だいたいの支払いはスマホの電子マネーでできる。少なくとも筆者はそれでいままで困ったことはない。だから電子マネーは信用できる。一度小銭をなくしてみたらすっきりするはずだ。

領収書も紙でもらうが、あれも面倒だからやめてほしい。メールなど電子データで送ってもらえばそれでいい。だから筆者はいま、政府に電子的な領収書があればいいだろうと言っている。紙でもらってそれを転記すると間違えることがある。

筆者の収入は印税や講演料などがあるが、年末になると必ず紙の源泉徴収票が自宅に郵送されてくる。これも本当はデータでいい。電子書類で送ってもらえば、ソフトを使って一気に確定申告できるからだ。なぜ申告する側がわざわざ転記しないといけないのかと思ってしまう。

自分の「実感」ほど当てにならないものはない

私は競争政策などのミクロ経済も専門にしているが、マクロ経済学の学者でもあるので、経済をつねにマクロな視点で見ている。

マクロな視点とは、前にも説明したように全体を見渡すということだ。

デフレもインフレもあらゆる物価を総合したマクロな現象だし、あるいは為替レートが変動したとなれば輸入業、輸出業の両方に影響が生じる。

経済というものは、ひとつの現象の影響で別の現象が起こり、結果、ある全体的な状況が生まれる、ということが非常に多い。

まさに「風が吹けば桶屋が儲かる」式のことが、つねに起こっている。目の前で「風が吹いたこと」だけを見ていても、「桶屋が儲かる」ところまで見渡せないように、目先の現象だけを見ていても、経済全体の動きを読むことはできないのである。だから、マクロ経済学には、日々の実感というミクロな視点が入り込む余地はない。むしろ実感は、経済を読む目を曇らせるものであるといっても過言ではないのだ。

自分の実感こそが、経済状態を反映しているという考え方もあるだろう。

それはあながちウソではないし、そういう実感があってこそ経済のことを考えてみようという気にもなるのだろう。

ただし、全体を見渡さなければならないときに、日々の実感しか当てにしないようでは読み間違えることは必至だ。

先にデフレの意味を誤解している俗説の例を出したが、これもいってみれば、デフレというマクロな現象を、耐久消費財しか見ないというミクロな視点でとらえたことで生じた間違いである。

専門家ですら間違えるのだから、難しいとは思う。

しかし、自分が日々抱く実感は、きわめて限られたミクロの世界のものであることを、いま一度、肝に銘じてほしい。

世界はもっとずっと広く、そこでは自分が抱いている実感とは別の、さまざまな実感が渦巻いている。光を見たら影にも目を向けるような姿勢を持てば、経済についてもっと深く、鋭く考えられるようになるはずだ。

「川を上れ」「海を渡れ」このふたつでたいていのことはわかる

私は本書を通じて、まずあなたに考える基礎となる知識を知ってもらい、それらを用いることで、最終的には自分なりに考えることができるようになってほしいと思っている。

しかし、頭の出来というものは、そう簡単に変わるものではない。こう聞いて頭にくる人もいるだろうが、天才は生まれながらに天才だろうし、凡人はいつまでたっても凡人なのだ。

ひどい物言いだと思うだろう。

しかし、私は断じて、凡人は愚民だと言っているのではない。

ものを考えるときに一番大事なのは、じつは頭の出来そのものではないからだ。大事なのは、意識である。意識の持ち方次第で、凡人は愚民にもなれば、賢民にもなるのだ。

たとえば先に話した「言葉の意味をきちんと知ろう」というのも、〝そのような意識を持とう〟〝言葉をおざなりにしているのなら、まずその意識から変えていこう〟そして〝言葉の意味を逐一調べるクセをつけよう〟ということだ。

意識が変わればものを見る習慣が変わり、習慣が変われば、世界の見え方が変わる。見え方が変われば、考える深度も精度も高まる。この点で、頭の出来などさして関係はない。

そういった意識の持ち方に関して、大蔵省に入省した当初から徹底的に叩き込まれたことが、先にも少し書いたこの二つ。何かを調べたり検討したりするときには必ず「川を上れ」「海を渡れ」ということだ。

「川を上れ」とは時間を遡れということ。つまり先例をあたるということだ。

まず先例の有無を調べる。先例には合理性が認められる可能性があるから、それがどのような結果につながったかを見る。

これを徹底的にやると、かなりのことがわかるのだ。歴史は多くの教訓を含んでいるのである。

もうひとつの「海を渡れ」は、もうわかるだろう。

海外の例を参照するということだ。これを官僚になりたてのころに叩き込まれたので、私はいつだって海外ではどうなっているか、何といわれているかが気になって仕方がない。海外のことにはいっさい触れずに独自の論を展開している人などを見ると、どうしてそこが気にならないのかと不思議に思ってしまう。

このように川を上り、海を渡りさえすれば、たいていのことはわかるといってもいい。

私自身、多くの連載や著作を世に問う際にしていることといえば、基本的には、このふたつくらいである。本書でも触れた金融政策への提言から１００年国債まで、すべては川を上り、海を渡った末の結論なのだ。

「川を上れ」も「海を渡れ」も、かつては古い統計書を取り寄せたり、高いお金を払って英語の研究書を買ったりと、そうとう大変な作業だった。

いまでもそれらが必要になることはあるが、読者が先例や海外の例をちょっと調べるくらいだったら、ネット検索で十分だ。

いまの時代、たいていのことは調べようと思えばネットで調べられる。重要なのは、調べようと思うかどうかだ。ツールが発達して便利になるほど、それを使う個々の意識のありようがものをいう。

賢い意識を持つ人間が、自分でものを考えられる賢い国民になる。目指してほしいのは、そこである。

私が必ず参照する3つのサイト

前項で述べたように、いまの時代、たいていのことは調べようと思えばネットで調べられる。そこで「調べてみよう」と思った読者に、一級の資料が集まっているサイトを教えておこう。私も、つねに参考にしているサイトだ。

ただし、いきなりすべてを参照するのは難しいだろう。手始めに見てみるのなら、世界銀行のサイトがおすすめだ。

ここには、GDPから人口増加率、財務状況、経済政策などなど、世界各国の基本データが過去数十年分にわたって集められており、国から検索、トピックから検索の両方ができるようになっている。

幅広いトピックのデータが見られるので、まずは野次馬根性で眺めてみるといい。何か

3つの参照サイト

世界銀行（The World Bank）

http://www.worldbank.org/

国際通貨基金（IMF = International Monetary Fund）

http://www.imf.org/

経済開発協力機構

（OECD = Organisation for Economic Co-operation and Development）

http://www.oecd.org/

筆者が作成

を調べるでもなく、ただざまざまな国の情報を見るだけでも、結構楽しめると思う。

ＩＭＦのサイトでは金融に特化した詳細なデータ、ＯＥＣＤのサイトでは先進国に特化した詳細なデータが見られる。

参考までに挙げたが、ゆくゆくこれらのサイトも駆使できるようになれば大したものだ。

ちなみに英語のサイトを開くと自動翻訳オプションが出る場合もあるが、意味をなさない怪訳文を見せられるだけなので、おすすめしない。最初はちょっと大変でも、英語で読むことだ。

コツをつかみ、慣れてしまえばあっという間にできるようになる。英語力を上げるのにもってこいだ。

誰でもできる国際比較――エクセルを少し練習するだけ

ＩＴ社会の利便性の高まりにより、せっかく貴重な一次資料に触れることができるのだから、何か気になることがあったら自分で調べてみることだ。

ここでは海を渡る方法――国際比較のテクニックをひとつ紹介する。ちなみにいまから話すのは、私が教鞭をとる大学の授業で教えていることである。やり方がわかれば彼らにだってできるのだから、ぜひトライしてみてほしい。

実例で紹介したほうがわかりやすいので、テーマは「物価と人口の関係」としよう。はたして人口が増えると物価はどうなるのか。使うのは世界銀行のサイトとエクセルの計算機能とグラフ機能である。

まず、世界銀行のサイトから各国のインフレ率（inflation, consumer prices）のデータをダウンロードする。

何十年分あっても仕方ないので10年分だけを抜き出し、各国のインフレ率の平均値を出す。次に人口増加率（population increase）も同様にして平均値を出す。

これで必要なデータはそろった。

次に、縦軸に人口増加率、横軸にインフレ率をとり、交点をゼロにして、いま出したインフレ率と人口増加率の平均値を散布図にする。

もし物価と人口に相関関係があれば、人口増加率の高い国ほどインフレ率も高く、人口増加率が低い国ほどインフレ率も低くなるのだから、散布図のドット（各国の平均値）は右肩上がりの帯状になるはずだ。

しかし実際には、てんでバラバラに表示される。

これはすなわち、両者には相関関係がないことを示している。

多少は英語がわかり、エクセルも多少使えないと、この手法を応用するのは大変かもしれない。

しかし、できたとき、わかったときには、目から鱗が落ちる感覚を味わうはずだ。

私にとって経済について考えることは、数学の問題を解く感覚に似たところがある。

数学は原理原則にのっとって考えると自然に答えが出るが、経済だと、理論と海外の数々の例から原理原則が導かれ、それらにのっとって考えると、自然と日本がどうするべきかも見えてくる、という感じだ。

ところが、国際比較をしたうえで日本の経済政策について意見をすると、「海外はそうでも日本の場合は違う」とか、「日本は独特だから当てはまらない」などと反論を試みようとする人が結構いる。

たしかに世界各国、それぞれ独自の文化・歴史がある。

たとえば礼儀作法やモラルの類いの話であれば、各国の文化的・歴史的背景を踏まえて当然だ。

しかし私が話しているのは経済である。

経済とは数字、数学の世界であり、各国の文化・歴史の独自性にあまり左右されるものではない。もしそうなら貿易なんかは行われないはずだ。

ある経済政策が、ある文化を持つ国ではうまくいき、別の文化を持つ国では違う作用が起こってうまくいかなかった、というようなことは、絶対とはいえないがほとんどありえないのだ。

このように経済は普遍的なものだからこそ、国際比較によって見えてくるものを決してないがしろにできないのである。

知っておきたい経済用語

■マネタリーベース（↓monetary base）

中央銀行（日銀）が供給する通貨の総額。つまり世の中に出回っている紙幣、硬貨と、民間金融機関の日銀当座預金の合計。

■一般物価（↓general prices）

一般的に消費される耐久消費財（モノ）の価格と非耐久消費財（サービスなど）の価格を総合した価格。対してミクロ経済学で使われる「価格」は個別品目の価格を指す。

■マネーストック（↓money stock）

金融部門から経済全体に供給されている現金通貨の総額。つまり世の中に出回っている預金の総量に現金を加えた合計。

■貨幣数量理論（↓quantity theory of money）

世の中に出回っているお金の量（マネーストック）とその流通速度が物価に影響するという考え方。

■物価は、マネーストックの量とモノの量のバランスで決まる
貨幣数量理論による。マネーストックよりモノの量が少なければインフレ、マネーストックよりモノの量が多ければデフレとなる。

■名目GDP成長率（→nominal GDP growth rate）
GDPとは1年間に国内で生み出されたモノやサービスの付加価値の総額であり、GDP成長率とは、GDPの変動をパーセンテージで示したもの。名目GDP成長率とは、物価変動を考慮せずに算出したGDP成長率のこと。たとえば前年のGDPが100万円で今年のGDPが110万円だった場合、名目GDP成長率は10％となる。これに物価変動分の調整を加えたもの（前年の物価を共通基準として算出したもの）が実質GDP成長率となる。

■財政出動（→fiscal stimulus）
税金や国債などをはじめとした財政資金を公共事業などに投資することで、景気の安定・底上げを図る経済政策のひとつ。

■インフレターゲット（→inflation targeting）
インフレ目標ともいう。政府（または政府と中央銀行＝日銀）がインフレ率（物価上昇率）について具体的な目標を掲げ、その達成に向けて中央銀行が金融政策を行うこと。

■マネタリーアプローチ（→monetary approach）
少ないほうの国の通貨の希少性が高まり、価値が高くなるということ。

■金融緊縮（→tight-monetary policy）
（対）monetary easing（金融緩和）　中央銀行（日銀）が行う経済政策のひとつ。景気が過熱しすぎた際に、売りオペレーションでマネタリーベースを減らしたり、政策金利の引き上げなどの手法で金融引き締めを行うこと。

■買いオペレーション（→buying operation）
（対）selling operation（売りオペレーション）　金融緩和のために、中央銀行（日銀）が民間金融機関の持っている債券や手形を買うこと。金融機関の資金が潤沢となり、金利が下がるという作用がある。

■政策金利（→bank rate）
中央銀行（日銀）が民間の金融機関に融資する際の金利のこと。

■実質金利（↓real interest rate）
（対）nominal interest rate（名目金利）　物価変動を考慮しない名目金利から（予想）インフレ率を引いた実質的な金利。

■予想インフレ率（↓expected inflation rate）
期待インフレ率ともいう。市場（企業や消費者を含む）が予想するインフレ率のこと。BEIをはじめ、さまざまな算出方法がある。量的緩和によって高まる傾向がある。

■量的緩和（↓quantitative easing）
中央銀行（日銀）が、世の中に出回るお金を増やすこと。金融緩和の一形態。

■BEI（↓break-even inflation）
固定金利債金利から物価連動債金利を引いた数字。物価連動債とは、元本の金額がインフレ率によって調整されるタイプの国債。固定金利債は物価の上昇にかかわらず元本の額は変わらないが、物価連動債は将来的にインフレになればそのぶん元本が増え、受け取る利子が増える。

■バブル経済（↓bubble economy）

不動産や株式などの資産価値が投機によって高騰し、実体経済に見合わなくなった経済状態。バブル経済になる原因はいろいろあるが、日本では1986年ころに生じたバブル景気の際、バブルは金融緩和によって起こったと思い込み、日銀の急激な金融引き締めによってハードランディングとなり、バブル崩壊を招いた。

■B／C（↓cost benefit analysis）

コスト・ベネフィット分析（費用便益分析）の略称。かけた費用に対する便益を分析したもの。

■バランスシート（↓balance sheet: B/S）

貸借対照表。記された資産と負債と純資産によって財務状況がわかる。

■デフォルト（↓default）

債務不履行のこと。企業が財政の悪化により借金の利子や元本を期限どおりに支払うことができなくなり、倒産に陥ること。国の場合は財政の悪化により国債の利子や償還が遅延もしくは停止した状態を指す。

■現代貨幣理論（↓modern monetary theory: MMT）

マクロ経済学の理論のひとつ。自国通貨建てによって政府債務を拡大させていけば、物理的な生産力の上限まで経済を拡大させることができるとする理論。

■ジニ係数（↓gini coefficient）

社会における所得の不平等さを測る指標。ジニ係数の値の範囲は0から1で表され、値が大きいほど格差が大きい状態となる。

■民営化（↓privatization）

国や地方自治体が運営している企業を民間企業にして運営を引き継ぐこと。古くは国鉄の民営化（JR）、新しくは郵政民営化（JP）などがある。

■ベーシックインカム（↓basic income）

最低限所得保障の一種。一般的な定義では、政府がすべての国民に対して一定の現金を定期的に支給するという政策を指す。

■規制緩和（↓deregulation）

産業や事業に対して政府が設けている規制を取り外すこと。新規参入などが促され、市場での自由競争が起こるために経済を活性化させる作用がある。たとえばコンビニエンスストアのATMや薬販売なども規制緩和によるもの。

■プライマリーバランス（↓primary balance）

「国の収入－国債発行額」と「国の支出－国債の利子と償還の額」のバランス（収支）のこと。基礎的財政収支ともいう。国債は国の借金なので、発行額と利子・償還額をそれぞれ収入と支出から引いた額で比べることで、より実質的な財政収支がわかる。

■税と社会保障の一体改革（↓tax and social security reform）

「社会保障の充実・安定化と、そのための財源確保、財政健全化を一挙に成し遂げる」と謳われた政策。その一環として消費増税が決定された。

■消費者物価指数（↓consumer price index）

消費者が実際に買う際の物価の変動を示す指数。

■ねんきん定期便（↓Individual statement: "Nenkin Teiki Bin"）

２００９年４月より、社会保険庁が各年金の被保険者に送付している文書。現在までの納付状況や将来の見込み受給額などが記された、いわば「年金の個人明細書」。

■中所得国の罠（↓middle income trap）

中所得国になった新興国が、その後なかなか先進国になれないこと。世界銀行は、一人当たりGDPが3000ドルから1万ドルまでの国を中所得国と定義している。

高橋洋一（たかはし よういち）
1955年東京都生まれ。数量政策学者。嘉悦大学ビジネス創造学部教授、株式会社政策工房代表取締役会長。東京大学理学部数学科・経済学部経済学科卒業。博士（政策研究）。1980年に大蔵省（現・財務省）入省。大蔵省理財局資金企画室長、プリンストン大学客員研究員、内閣府参事官（経済財政諮問会議特命室）、内閣参事官（内閣総務官室）等を歴任。小泉内閣・第一次安倍内閣ではブレーンとして活躍。「霞が関埋蔵金」の公表や「ふるさと納税」「ねんきん定期便」などの政策を提案。2008年退官。菅義偉内閣では内閣官房参与を務めた。『さらば財務省!』（講談社）で第17回山本七平賞受賞。その他にも、著書、ベストセラー多数。

扶桑社新書 373

国民のための経済と財政の基礎知識

発行日 2021年5月1日 初版第1刷発行
2023年4月10日 第8刷発行

著　者………高橋 洋一
発行者………小池英彦
発行所………株式会社 扶桑社
〒105-8070
東京都港区芝浦1-1-1 浜松町ビルディング
電話 03-6368-8870（編集）
03-6368-8891（郵便室）
www.fusosha.co.jp

DTP制作………Office SASAI
印刷・製本………中央精版印刷株式会社

Printed in Japan　ISBN 978-4-594-08793-7